体験と経験のフィールドワーク

宮内 洋
MIYAUCHI Hiroshi

北大路書房

はじめに

私は、三つの異なる修士論文を書くという体験をしている。高等教育機関の世界に通じておられる方ならば想像されるかもしれないが、所属する大学院や研究室を三度移ったわけではない。これは同一の大学院、しかも同一の講座においての体験である。

本書は、フィールドワーク[1]・質的調査に関する書物であるが、世に多く出版されているフィールドワークや質的調査や社会調査に関する書物とはやや異なる点があるかもしれない。そうであるならば、それは、そのような私の珍しい体験に由来しているのかもしれない。

この点に関して、少し具体的に述べたい。まず、最初の修士論文を提出したのは私が修士課程二年時のことだった。大学院においては基本的に修士課程は二年間であり、その最終年に修士論文を提出して、その内容に基づき、修士号が授与されるか否かが決定される。国内の大学院においては一般的にこのようなプロセスを経ることが多い。私の場合は、当時の指導教官（当時は国立大学であったので、そういう呼称であった）が非常に忙しいという理由で受理していただけなかった。たしかに、講座の主任教授が病に倒れて、十数人の学生の卒業論文、海外から留学されていた博士課程の大学院生の博士論文、修士四年目と三年目を迎えた各々の大学院生の修士論文を、私の指導教官であった方がたったお一人で抱えておられて、修士二年目の私などは出る幕もないといった感じであった（しかも、社会科学系の大学院生が修士論文をわずか二年で書き上げるなどということはあり得ないといった当該研究科の社会科学系独自のムードもあった）。結果的に私は修士課程には三年間在籍することになり、最初の修士論文は破棄し、全面的に書き直すこととした。二年間いただいていた奨学金も切れてしまい、毎日の生活を送るのは非常に苦しかった。朝の四時に起床し、バイトを行なうなど、毎日の生活がのんびりと過ごせるというわけではなかった。しかし、現在から見れば、良い経験をさせていただいたと感じている。正直に述べると、もしあのまま順調に二年で修士課程を修了していたらと思うと、少し怖くもある。これらの経験で学んだことはあまりにも多いが、一つ目の修士論文を受理されなかったという点に限ると、いくら修士論文であっても自らが書いたものが読まれるということはまったく前提にしてはならないということであった。「何だろう、少しだけ手にとってみようか」と思っていただけるようなものを書かないと一瞥もしていただけない。それでは、どうすれば興味・関心を抱いていただけるのか。私は、そのことをまず考えるようになった（そのことによって、拙稿のタイトルが「論文らしくない」という弊害が生じてしまいはしたが）。

二つ目の修士論文は、大学および講座に提出することなく、自分自身で封印した。私は、「在日朝鮮人[2]」女性の生活史の聞き取り調査を行なっており、中野卓氏の生活史研究（中野一九七七など）を中心に参照しながら、その完成を目論んでいた。しかし、それはかなわなかった。完成した原稿を聞き取り調査に協力してくださった各々の人たちに見ていただいた。その行為には、誤解や間違いのないようにという思いがあった。被調査者の方々に直接確認をしていただき、正確を期したいという思いが強かった。被調査者の生活世界にさらに深く迫らなければならない、そして、さらに「厚い記述（thick description）[3]」（Geertz 1973）を行なわなければならないといった強迫観念にとらわれていたのかもしれない。結果、このことによって、私は厳しいクレイムを受けた。修士課程三年目で追い詰められていた私は非常に戸惑った。そして、これ以上留年することはできなかったので、もう研究をやめるか否かということを考え始めた。この当時の私は、本当に自らのことしか考えていなかったと、今にしてみると思える。まったく余裕がなかった。まったく余裕がなくなっていた。その当時の私自身の混乱ぶりをよく表わしていると思われるフィールドノーツ（フィールドワークの記録）の一部を引用しておく。

Z市の公共施設で開催されている共生をテーマとした写真展の会場でAさんと待ち合わせた。彼女[4]は、20分ほど遅れてやって来た。末っ子の子どもも一緒だった。少し展示を見てから、彼女は隣の公共施設の喫茶店に行こうと言った。そこで話すからと言った。僕はさらに詳しい生活史を話してくれるのだろうと勝手に期待していた。今から考えれば、彼女はきっちりと話をつけようと決意していたのだろう。展示場では、彼女は在日関係の本と、「ムックリ」[5]を買っていた。

喫茶店の席に着くと、彼女は子どもに別の席に着くように頼んだ。大切な話し合いがあるからと彼女は言った。先日渡していた、僕が書いた彼女の生活史をカバンから取り出すと、「これはまだ続くの?」と尋ねた。僕はまだ続くし、これはまだ途中だと答えた。

彼女は、単刀直入に言うね、と前置きしてから、これを全部白紙に戻してもらえないかと言った。彼女は、自分の人生をこのような生活史にまとめられることを「拒否したい」と強い口調で言った。僕はそのとき頭がかなり混乱したが、とにかく彼女の話を聞くように努めた。しかし、僕の一年間がすべて形として著すことができなくなってしまうから、その動揺は隠せなかったと思う。

彼女は実際に僕の書いたものを読んでみて、僕と彼女自身の向いている方向が違うことに気づいたというのだ。最初、彼女は僕とあまりそれほど親しくはない時期に、自分についての話をした。(…中略…)彼女は人前で話すのは苦手だし、講演をして歩いているわけではないから、僕のような人間の方が多くの人たちに在日について代弁してくれるという計算が働いたのだというのだ。彼女にとって僕は代弁者だったのだ。僕は代弁者であることを否定した。いくら話を聞いても当事者にはなれないからと。僕はこの日本社会で起こっていることを説明できる人間でありたいと話した。

彼女の言う、向いている方向が違っているという意味が、僕にはわからないでいた。彼女は、「X+Xは1とかじゃないのよ」と何度も言った。自分の人生は化学変化みたいにはならないと言うのだ。僕には最初から図式があって、彼女の人生をそれに当てはめているように感じたようだ。彼女は、私という「標本」によって在日すべては語れないのよ、と言った。彼女の言う通りだと思った。生活史に書かれてある「注記」などを読むと、そのように受け取られても仕方ないし、僕の記述の仕方が実際にそうなっている。

一体宮内くんは何がしたいのか、と彼女は問う。僕は「共生」についてなど、今まで論文にしたことを話した。しかし、単に言葉を羅列しているだけで、何も語っていないように自分で感じた。なんて無力な言葉の群れなのか、彼女には何も通じていない、そう思った。そして、彼女から聞いた、子どもへ託す思いを中心にまとめるつもりだという話もした。彼女はそれを見せてと言った。それを見てから、もう一度決めたいと考えを変えてくれた。彼女は、最初に僕にはっきりと「拒否」しようと来たのだと言った。しかし、話を聞くうちに、もう一度話を聞こうと変わったと話した。

「宮内くん、なに焦ってるの?」

彼女は言った。

そして、彼女はこう続けた。一年間会ってきて、宮内くんはもっと優しいんじゃなかったっけ。これじゃ、まるでカルテみたいじゃない。こんなに冷たい文章を書く人だとは思わなかった。宮内くんなら、もっと優しいものになるんじゃないの、私は文章力がないから優しいってどんなのと聞かれても答えられないし書けないけど。もっとゆっくり時間をかけてつくっていこうよ。その方が、お互いにとって良いものができるじゃない。

彼女のそのような話を聞いて、僕は涙が止まらなかった。焦っているのは事実だった。自分の焦燥感に押し潰されそうになっていた。ある人にも同じようなことを言われた。涙が零れたのは、自分のことのみならず、僕のことを本当に考えてくれていることがよくわかったからだ。彼女の言う通り、時間をかけてゆっくりと書き上げたかった。しかし、僕には時間がほとんど残されてはいなかった。学内の事情、僕の置かれている立場を包み隠さず話した。彼女は、前には忙しくて時間が取れないと話していた。しかし、時間は必ずつくるから、連絡して、見せてと彼女は何度も言ってくれた。僕は彼女と今まで何を話してきたのだろうか。

(中略)彼女の子どもが、泣く僕を不思議そうに見ていた。オモニがいじめているように彼の目には映っているらしかった。

1993年11月21日（日）16：15-18：45（記述は翌日11月22日）(6)

いまとなっては、記述した当事者である私でさえナルシシズムが多少鼻につく箇所があるが、そのときのそのままの文章をあえて掲載することにした。

この出来事の後、私はどうしたのか。簡潔に述べると、私は第二の修士論文を自らで封印し、限られた残された時間で第三の修士論文を書き上げた。生活史をより深く解釈するために記述してきたフィールドノーツをもう一度読み直し、一つのエスノグラフィーとして書き直した（宮内一九九三）(7)。より具体的に述べれば、「在日朝鮮人」女性を中心とした朝鮮の伝統楽器の演奏グループに参加し、私はメンバーの一人として様々な場所で演奏を行ないながら、日常生活の文脈における「共生」の営為を蓄積してきた。この共有された時間・空間における文化の衝突や継承といった文化をめぐる諸個人の変容を伴ったダイナミックな営為をエスノグラフィーとして描くことを通して、現代の日本社会における「共生」の意味とその可能性を生活世界の側からの考察を行なったのだ。松田論文に習えば、セルフ（self）を中心にしたエスノグラフィーとも言えるかもしれない（松田二〇〇三）。この当時、現在は浜松の地域社会と定住外国人に関する地道な調査で知られる池上重弘さん（池上編二〇〇一など）と一緒にバルトなどのエスニシティに関する基本文献（Barth 1969 など）を読んでいたことにとても影響されていたことは確かであろう。このような体験の中で、結果として、私は三つの修士論文を書き上げた。この珍しいと思われる経験を通して、社会調査やフィールドワークをするということ、そしてそこで得られた知見を書くということに関して、当時は『ライティング・カルチャー（Writing Culture）』なる書物（Clifford & Marcus 1986）がこの世に出版されてショックを与え続けている(8)ことすら知らない私は、自らの体験を通して、きわめて素朴に「調査とはいかなる行為か」ということを考え続けることとなった。このことは本書全体の支えとなっているし、他の社会調査やフィールドワークに関する書物と異なる点があるとするならば、上記のような体験と経験に基づいていると思われる。(9)

［注］

（1）日本国内においては、フィールドワークのバイブルとも言える『フィールドワーク』（佐藤一九九二）では以下のようにいったん定義されている。

「（前略）『フィールドワーク』とは、参与観察とよばれる手法を使った調査を代表とするような、調べようとする出来事が起きているその『現場』（＝フィールド）に身をおいて調査を行う時の作業（＝ワーク）一般をさすと考えていいでしょう。」（佐藤一九九二、三〇頁）

（2）私は、総称としては「在日朝鮮人」という呼称を用いている。なぜこの呼称を用いるのか、そして呼称にまつわる問題に関しては、本書第二章を参照していただきたい（初出は宮内一九九九）。

（3）前述の『フィールドワーク』において、「厚い記述」とは、「カメラのような機械とは違い、フィールドワーカーは見たままの姿を記録するだけではなく、その奥に幾重にも折り重なった生活と行為の文脈をときほぐしていき、「その作業を通してはじめて明らかになる行為の意味を解釈して読みとり、その解釈を書きとめていく作業」（佐藤一九九二、九二―九三頁）とされている。

（4）このフィールドノーツを書いていた当時は、「彼女」という表現を用いていた。三人称複数も「彼ら」という表現を用いていた。しかし、様々な出会いから、「彼ら」という表現が感覚的に合わなくなり、「彼／彼女たち」から「彼／かの女たち」へと表現を変えていった。本書執筆時点では、「かれ／かのじょたち」という表現を用いている。すべてひらがなのために読みづらいかもしれないが、いまはこのような表現しかできないでいる。本書の第一章と第三章と第五章は、本書のために新たに書かれたものである。だから、三人称複数の表現は、すべて「かれ／かのじょたち」で統一されている。同時に、三人称単数の表現も、「かれ」あるいは「かのじょ」で統一されている。しかし、第二章と第四章は過去に学会誌に掲載されたものであるので、表現も現在の表現とは異なっている。さらに、一人称単数の表現も、「筆者」となっており、他の章のように

「私」ではない。第二章で述べられているように、後から表現だけを修正していくことに対して、私はかなり抵抗がある。その当時の文脈を妙なかたちに変形させてしまわないために、その部分については修正しないままで掲載させていただいた。結果として、読みづらくなってしまったかもしれないが、ご勘弁いただきたい。

（5）口琴の一種である、アイヌ文化における伝統楽器の呼称。

（6）このフィールドノーツに関しては、途中略したり、固有名詞を修正した箇所があるが、基本的に当時の記述そのままである。ただし、Aさんのプライヴァシーに関連すると私が判断した箇所は掲載を見合わせた。さらに、フィールドノーツの原本においては、本書での「Aさん」は本名の頭文字のアルファベットを用いて「○さん」と記述している。このように記述していたのは、万が一、フィールドノーツを紛失したことを恐れたためである。本書掲載にあたって、さらに機械的に「Aさん」と修正した。

（7）この修士論文はこれまで活字にはしていない。だが、このフィールドワークのプロセスでの自らの変容を主題に、話題提供者としてお声をかけていただき、お話をさせていただいたことがある。二〇〇一年三月二九日に鳴門教育大学で開催された日本発達心理学会第一二回大会上のラウンドテーブル「生成される文化を生き、語り、思索することについて—アジアという多様性の中で」のことである。このラウンドテーブルの企画主旨を引用しておこう。

「私たちはどのように生の文脈を語ることができるのか」という問いに始まり、単純に「文化」を研究対象として客体化することで解決されることはないという認識に基づいている。「日本人」という閉じた系を越え、アジアという多様性の中で対話することで、互いの内に新しい文化が生成するような場を目指して開かれた革新的な心理学の試みである。」

このラウンドテーブルは、もともと「e-entaku 電子円卓会議」というメーリングリスト上で交わされた議論に基づいている（そして、私はこのメーリングリストでのやり取りから国境を越えたフィールド心理学の息吹を胸一杯吸い込んだ）。このメーリングリストは、「ここはアジア地域（もちろん日本も含む）などのフィールド研究に関心の高い心理学研究者が集う場です。角のない「円卓」の特徴を活かして、楽しく議論しましょう！」という主旨のもと、二〇〇〇年につくられたユニークな一つのメディアである（この成果は、山本・伊藤二〇〇四、同二〇〇五などで結実している）。このような報告の機会を与えてくださった、このラウンドテーブルの実質的な企画者であり、先の「e-entaku 電子円卓会議」の主催者・管理人のお一人である山本登志哉さんに心から感謝したい。

（8）「ライティング・カルチャー・ショック」ということばさえある。文化人類学の領域では「もはや何も書けない」というインパクトがあったとされる。そのショック後の多様な新たな試みに注意する必要があるだろう（詳細は太田二〇〇三）。

（9）「体験」と「経験」については、ある一定の区分が必要であろう。筆者による稚拙な定義づけよりも、以下の記述を引用しておきたい。

「体験とはただ生起する史実を通り抜ける（fahren）ことであるが、経験する（erfaren）とは、自らが体験したことがらを、痛みをともなう形で（なぜなら自己の解体に直面するから）自らを切り刻み（analysieren）、ことがらの中に自己を埋め込みかつそこから切り離すという道程である。」（新原一九九五、二七五頁）

[文献]

池上重弘（編）二〇〇一『ブラジル人と国際化する地域社会—居住・教育・医療』明石書店
太田好信 二〇〇三「解説 批判人類学の系譜」、クリフォード、J.（著）太田好信ほか（訳）『文化の窮状—二十世紀の民族誌、文学、芸術』人文書院、五一五–五五三頁
佐藤郁哉 一九九二『フィールドワーク』新曜社
中野卓 一九七七『口述の生活史—或る女の愛と呪いの日本近代』御茶の水書房
新原道信 一九九五「〝移動民〟の都市社会学—〝方法としての旅〟をつらねて」、奥田道大（編）『21世紀の都市社会学2 コミュニティとエスニシティ』勁草書房、一六一–一九八頁
松田素二 二〇〇三「フィールド調査法の窮状を超えて」、『社会学評論』第五三巻四号、四九九–五一五頁
宮内洋 一九九三『相互《異化》のネットワーキングと「共生」』（修士論文、未公表）
宮内洋 一九九九「私はあなた方のことをどのように呼べば良いのだろうか？ 在日韓国・朝鮮人？ 在日朝鮮人？ 在日コリアン？ それとも？—日本のエスニシティ研究における〈呼称〉をめぐるアポリア」、在日朝鮮人研究会（編）『コリアン・マイノリティ研究』第三号、五–二八頁、新幹社（本書第二章に収録）
山本登志哉・伊藤哲司（編）二〇〇四『現代のエスプリ—特集：現実に立ち向かう心理学』四四九号、至文堂
山本登志哉・伊藤哲司（編）二〇〇五『アジア映画をアジアの人々と愉しむ—円卓シネマが紡ぎだす新しい対話の世界』北大路書房
Barth, F. (ed.), 1969, *Ethnic Groups and Boundaries*. Little Brown and Company.

Clifford, J. & Marcus, G. E.（eds.）, 1986, *Writing Culture: the Poetics and Politics of Etnography*. University of California Press.（春日直樹ほか（訳）一九九六『文化を書く』紀伊國屋書店）
Geertz, C., 1973, *The Interpretation of Cultures*. Basic Books.

体験と経験のフィールドワーク――◉目次

第五章　フィールドワーカーと時間

第一章　「社会調査」という違和感

フィールドワークや社会調査に関する本書を出版した私にも、当然ながら「はじめての調査」の経験がある。本章は、フィールドワークや社会調査について右も左もわからなかった私の戸惑いから始まる。調査にはどのような服装をしていけば良いのだろうか。相手にどのように声をかければ良いのだろうか。悩みは尽きない。

本章では、私自身の社会調査の体験と経験をできる限り具体的に綴った。本章が、これから社会調査やフィールドワークに臨もう・挑もうとする方々への一助もしくは触媒となればと心から願っている。

はじめに

社会調査を見つめ直す試みが日本社会学会によってなされた。二〇〇一年一一月二四―二五日に一橋大学で開催された第七四回日本社会学会大会にて行なわれた二つのシンポジウム「社会調査の困難をめぐって：社会学の中の社会調査――その方法的反省――」と「社会調査の困難をめぐって：社会の中の社会調査」である。(1) 私は勤務先での通常の業務があるために参加することはかなわず、きわめて残念なことに臨場感を味わうことができなかった。(2) しかし、ありがたいことに、その臨場感をも伝えるような特集が日本社会学会の学会誌である『社会学評論』で大々的に組まれた。(3) ここでは、当時のパネリストの方々が自らの体験も交えながら、社会調査の限界と意義等に関して述べられていた。このような自己開示を伴った試みに意を強くして、私自身も社会調査に関して少し述べてみたい。私の場合は、修士課程の三年間の間に、社会調査についてまったく無知な段階から始まり、所属講座のメンバーとして数多くの社会調査という体験を経ることによって、所属講座の伝統的な社会調査に疑問を感じた。そして、フィールドワークに身を委ねながら、自らの修士論文を書くに至るというプロセスをたどった。このようなきわめて個人史的な記述であるが、現在におけるある種のフィールドワーク・ブームと言ってしまってもいいのではないかという状況においては、「先にフィールドワークありき」といった感もなくはない記述も目にすることがある。私自身のプロセスを述べることによって、なぜフィールドワークなのか、なぜフィールドワークでなければいけないのかといった、フィールドワークについての記述の前提になるものが多少とも伝われば幸いに思い、本章を設けた。あまりにも個人的すぎるかもしれないが（単なる思い出話だと揶揄されるかもしれない）、私がフィールドワークに至るプロセスに少しだけお付き合いいただきたい。

はじめての社会調査

臨床心理学講座出身の私は社会調査にはまったく無縁の存在であった。大学院を受験するにあたって、福武直や安田三郎による社会調査の教科書は勉強していた（福武一九五八、安田・原一九八二）。有賀喜左衛門（読み方に関しては、中野一九八〇を参照）や鈴木栄太郎の実証研究もコトバとしては学んでいた。しかし、社会調査の体験がない私にとって、それはまさに「お勉強」でしかなかったように思う。日本国内でも伝統的な社会調査の系譜に連なる、有数の実証主義研究の調査グループでもあった講座に私は入学したが、社会調査に関する手解きを受けることはなかった。修士課程一年の秋に、初めての講座の社会調査の一端を担った。まさに「実践あるのみ、習うよりも慣れろ」というわけであろう。私が学んだ講座は、入学時に在籍する教養部から学部に移行してきたばかりの大学二年生から博士課程の大学院生、そして教員までが一つのチームとして社会調査を行なっていた。北海道内の農村を中心に、この講座が社会調査をした後は「ペンペン草も生えない」と言われるほど、徹底的な聞き取り調査を行なった。この「ペンペン草」のフレーズはこの講座を表象するものとして、あるところでは揶揄され、あるところでは畏れられ、あるところでは敬意を表されて用いられていた。チーム全員が一致団結して、一人でも多くの地域住民の方々に、より詳しく、より深く聞き取りを行なうのである。私がこの講座を離れるまでの数年間の間にも大小取り混ぜて数多くの社会調査が行なわれていた。

私にとって記念すべき最初の社会調査は忘れられない。一九九一年九月一九日のことだった。「看護婦」（現在は看護師であるが当時はこのように呼ばれていた）に対する、「日本における専門女性の就労意識と生活実態」に関する調査であった。留学のために来日された大学院生の修士論文の資料となるためのものだった。質問がびっしりと書かれた調査票はすでに私に手渡されていた。その調査票自体も講座全員で目を通し、少しでもよりよいものにするように改良されていった。それは、いわゆる調査者に対する「インストラクション（instruction）」の場である。当時在籍していた講座では、略して「インスト」と伝統的に呼ばれていた。「インストラクション」と言えば、心理学を学んだ／学ぶ者にとっては、実験やテストを始めるにあたって、実験参加者に対して方法などを指示する、いわゆる「教示」のことである。社会調査においても同じように、インストラクションがある。恐らく各研究機関や各講座、あるいは研究グループによって方法などは多様であろうが、基本的には調査を始めるにあたって、調査を実際に行なう人たちに対して「調査の主体と目的、調査の方法、注意事項などを徹底的に理解しておいてもらう」（江上一九九八、一一二頁）ために行なわれる点においては一致していることだろう[4]。所属講座には伝統的な調査票が存在していた。調査票を著書や報告書などに掲載する研究者や研究室があるが、私が所属していた講座の調査票は公表されることはなかったし、門外不出とも言えるほどであった。なぜなら、その調査票自体が当該講座の歴史を刻んだ、いわば〝宝〟なのである。これまでの社会調査で培われた知識とノウハウが詰め込まれているからである。誰もが一度は目にしたことがあろうが、「やっつけ仕事」で作成された気の抜けたようなアンケートや、きわめて杜撰な調査がある（詳しくは谷岡二〇〇〇など）。そのようなアンケートに無理矢理協力させられて、不愉快な感情を呼び起こされたり、戸惑ったりした体験をされた方もいるのではないだろうか。練られていないアンケートほど悲惨なものはない。調査票は一朝一夕では作成など出来ない。対象となる人たちとの長い真摯なやり取りとそのリフレクションから意味ある調査票がつくられていくのだと、少なくとも私は思う。だが、問題は、《それを誰が用いるのか》ということなのではないか。このことはまた後で詳しく述べたい。

修士課程一年でまったくの「社会調査素人」であった私は、講座の指示に従って、その約束の被調査者が待つ場所にかなり緊張しながら向かったことを覚えている。大学からは遠い場所であった。待ち合わせ場所に向かう前、スーツを着るべきなのか、ネクタイは結んでいくべきなのか、迷ったことも覚えている。アメリカ映画『恋に落ちて（Falling in Love）』（一九八四年）に登場するメリル・ストリープが演じた女性まではいかないが、何を着ていくべきなのか迷っていた。私の場合は、この映画のように少女のような恋心が服装を選ばせているわけではなく、「調査者として相応しい服装とは何か」という命題のもと深い悩みに陥っていたのだった[5]。いつ、いかなる場においても、誰にとっても「調査者」として相応しい服装があるわけではないというのが、いまの私の立場である。あえて言うならば、相手を不快にさせないような服装ということになろうが、初対面でお会いすることになる方にとって何が不快にさせるのかを事前に察知することは非常に困難なことだ。赤いネクタイに激しい憎悪を感じるという方に以前お会いしたことがある。お会いしてお話をうかがうまでは、そのようなことを把握するのはきわめて難しいだろう[6]。そのときの私の場合、何を着ていくべきかの迷いはより具体的であった。相手の女性に迷惑をかけないためにはどのような服装が好ましいかということを考えていた。結局、スーツとネクタイは身につけず、水色の洗いざらしのシャツにベージュのチノパン、それに紺の綿のジャケットを羽織っていくことにした。なぜ、私はスーツとネクタイを身につけなかったのか。大学院の先輩の話をふと思い出したからだ。(7)件の聞き取り調査の対象となっていた女性が当時勤務していた病院は他院からの引き抜きが少なくはなく、やや問題となっていたということだった。お昼下がりに、非番の「看護婦」の方と病院の外で一対一でお会いすることになるわけであるが、その際に私がスーツとネクタイ姿では引き抜きの交渉場面と第三者に誤解されてしまう危険性が高いのではないかと考えたからである。そのように見られた場合、被調査者の女性が職場で不利な立場になってしまうことを危惧していた。定職に就いた後に社会でほんの少しばかり揉まれた現在のまなざしから見つめ直すと、滑稽ですらあり、単なる独り善がりの妄想とも言えなくはない。さらに、私がスーツとネクタイ姿ではないことによって、その女性にとってはより困った誤解をされてしまう危険性がないとも言えないだろう。とにかく、当時の私は以上のような考えで、先のような服装で待ち合わせ場所に向かった。

調査当時(一九九一年)は現在のような小さな携帯電話などはまだ広く一般には流通していなかったために(正確にはPHSもまだ世に出回ってはいなかった)、初対面の人同士が待ち合わせをして会うということが、現在ほどあまり容易とは言えなかった(富田ほか一九九七など)。しかし、運がよいことに、調査に協力してくださる女性とは待ち合わせ場所でうまく会うことができ、早速近くの喫茶店で聞き取り調査を行なった。その調査のテーマは前述のように「日本における専門女性の就労意識と生活実態」に関するものであったが、私にはその領域における専門的な知識など皆無であったし、社会調査の方法も知らなかった。(8)ただひたすら調査票に書かれてある質問を行ない、相手が話した通りに書き写す。この作業に追われていた。大学院の先輩方からはだいたい一時間ほどで終わると言われていた。しかし、ひたすら調査票に書かれてある質問を行なう私であったが、まるでロボットのように単調に行なうことができなかった。時目前の女性になんだか申し訳なかったのだ。調査に協力してくださった女性の気持ちが少しでも楽になるようにと、時折冗談を言ったりもした。そして、調査票に書かれてある質問の中で自らが興味をひいたものに関しては、さらに突っ込んで尋ねたりもした。そして、わからないことばを何度も確認したり、なぜそのように答えるのか、その背景をさらに尋ねたりもした箇所もあった。そのときの私は、修士論文の資料の一端を担っているという使命感から必死であった。気がつけば、一時間ははるかに過ぎて、結局三時間半を過ぎていた。今から思えば、被調査者となってくださった「看護婦」の女性はよく付き合ってくださったと思う。いまさらながら本当に申し訳ないと思う。「看護婦」と言えば激務である。せっかくの数少ない休日を、素性のよくわからない大学院生の質問攻めで終わるなど、もし今の私が被調査者であれば耐えられない苦行であろう。その後、聞き取り調査で書いた文章をよりわかりやすいようにと、当時の22行ほどしか画面には映らないワードプロセッサーでもう一度打ち直し、その場の雰囲気を思い起こしながら、行間をより丁寧に詳しく埋めていった。当時、私が在籍していた講座の調査においては、小型カセットテープレコーダーで録音するということもほとんどなされてはいなかった。すべて調査者個人の《理解力》と《記憶力》に委ねられていたわけである。私にとっては最初の社会調査であったので、渾身の力を込めて、報告書という形式にまで仕上げた。そこまで行なう必要もなかったわけであるし、誰からも要請されてもいなかったが、苦労の末、大学院に入学したばかりの修士課程一年目の私にとっては、「何かをしたかった」ときでもあり、幸運なことに奨学金も得ていた私にはそれだけ自由な時間が本当に溢れていたのだ。

講座による社会調査

先述の記念すべき最初の社会調査は、私一人だけで行なわれたものであった。年が暮れる頃、講座の本来の「御家芸」とも言える講座全員による社会調査が行なわれた(9)。北海道内のいくつもの地域で一緒に寝泊まりしながら行なう、かつての伝統的な農村調査のようなスタイルである。具体的に述べれば、サンプリングで抽出された被調査者となる方のお宅に直接訪問して、対面式で直にお話をうかがう面接調査である。自由にお話をうかがうわけではなく、講座の中で共同制作された調査票に基づいて質問を行なっていくのである。この体験によって、記念すべき私のはじめての調査がかなりイレギュラーであったことを知った。講座の調査は、基本的に二人一組のチームで行なうのである[10]。ご自宅にうかがうことになるので、安全上の配慮もあるのであろうか。その後、私も二人一組のチームによる行動が主であった。はじめての講座による泊まり込みの社会調査では、まるで遠足に行った子どものようにワクワクしたことを覚えている。しかし、一日に三人もの生活史をうかがうことになったりすると、かなりぐったりしてしまった。夜はヘトヘトになりながらも、後輩たちと一緒にお酒を飲みながら語り合うことが本当に楽しかった。なぜ生きるのか、なぜ大学に進学したのか、何のために働くのかなどといった青臭いことを議論し合った[11]。調査に行っているのか、酒を飲みに来たのか、もはやわからないといった人ももしかすると少なからずいたのかもしれない[12]。そのようなある種の伝統的な農村調査方式とも呼べるような社会調査を体験することによって、私にはいくつかの疑問が生じてきた。倫理的な問題をこの場で語ろうというのではない。それは方法論に関する疑問であった。

本章の最初で述べたはじめての社会調査から、私はいくつもの社会調査を体験してきた。博士課程の頃には、玉野氏が述べているように、講座の社会調査の設営から運営までを任されるようになった（玉野二〇〇三）。先生方や先輩方から指示されて動いていたときにはまったく見えてはいなかった膨大な「すべきこと」が目前に迫ってきて、さらには何とか実際に行なうようになっていた。だが、予算と実際の支出等の講座の会計には一度も携わったことがない。一大学院生であったので当然のことであろう。調査の企画が固まり、期間も具体的に決められると、関係諸機関にご挨拶と協力の依頼に行くことにもなる。たとえば当該地域が選挙活動の真っ只中の場合、講座の社会調査自体が選挙の道具にされてしまうということもなくはないので、種々の注意が必要であろう[13]。その地域でもっとも安い宿泊施設の部屋を調査メンバーの人数分借り上げ、社会調査に備えるという仕事も忘れてはならない。すでにこのときには、在籍していた講座の方法論に対する自らの疑問は明確になり、講座の調査と自らの研究は切り離して考えていた。

なぜ私は、ここまで社会調査に疑問を感じるようになったのだろうか。想起すると、いくつかの象徴的な場面が浮かび上がってくるように感じる。当該講座を母体とした研究グループのメンバーとして、私も報告書作成に携わらせていただいた小樽市の高齢者調査を思い起こしながら述べていきたい(14)。

この調査の「対象者」となった方々は、調査当時に小樽市のある地区に居住していた一九一七（大正六）年一一月から一九二七（昭和二）年一〇月までに生まれた男性一三名、女性一九名の計三二名であった(15)。

これらの「対象者」の方々のご自宅に調査への協力依頼状を郵送したうえで、お邪魔させていただき、講座で共同制作された調査票に基づき、大まかな生活史をうかがうこととなった。生活史と言っても、中野卓氏が推奨しているような自由な聞き書きではない（中野二〇〇三）。あくまでも調査票に基づいた対面式の聞き取り調査であった。とは言え、結果的には「対象者」たちの生活史が構成されていくように配慮がなされていたように思われる。

「対象者」のご自宅に実際に訪問させていただき、お邪魔させていただく。北海道内の家宅はだいたいが二重サッシになっている。冬季においては、本州のような一重の窓では零下の冷たいすきま風が屋内に入りこんでしまい、暖房もあまり役立たないこともあるほどだ。しかし、改築されぬままの木造の古い小さな建物では一重の窓のままである場合もあった。私たちがお邪魔させていただいたお宅の中には、二月の極寒期にはさぞ「しばれる」のではないかと思えるお宅も少なくはなかった。

あるお宅では、調査者の私たちを「よく来てくださった」と歓待してくださった。腰が90度近くも曲がったままの姿勢で、私たちをコーヒーでもてなしてくださった。

ひびが入った、茶渋が張り付いたコップにインスタントコーヒー。

少し冷めたコーヒーの味はいまだに忘れられない。視力が落ちてしまった目では、コップのひびもこびり付いた茶渋も気付くことは難しいかもしれない。コップが欠けていることを指摘してくれる客人も訪れることはあまりないということも聞き取り調査の中で私は知った。長時間の調査が終わった。若い頃の話、青春時代の恋愛のこと。語りながら、「対象者」の皺が深く刻まれた顔が、柔らかくなっていくように感じられた。「話を聞いてくれて、ありがとう。」というお宅を後にする際のことばに対して、私は涙を我慢していて、おもてなしへの御礼のことばすら言えなかった。

感傷的な文章をいくつも書くことができる。社会調査は《出会い》の場でもある。しかも、その出会いは大都市の地下街ですれ違うような、相手の顔も定かではないような出会いではない。調査者が被調査者を見据え、地下街などでは一人ひとりが意識して閉ざしている防御壁に対して、調査者が真正面からこじ開けよう、あるいは開くのを一生懸命に手助けしようとするような特殊な出会いである。だから、いくつものフィクションよりもはるかに心が揺さぶられる出来事や語りが噴き出し、呼び込まれ、呼び起こされるのかもしれない。

このときの調査については、報告書の中で、私はこう記述していた。

「調査のスタイルは、被調査者の自宅において、二人一組となった調査者が講座内部において共同で作成された調査票に基づきながら質問を行なうという一回限りの面接型である。調査者の生年は一九六八‐七〇年に集中しており、被調査者とは孫ほどの年齢の開きがある。すべての調査者が被調査者たちが語る言葉にリアリティを感じられたとは言い難い。(16)」

このように書かざるを得なかった。当時の状況を改めて想起してみたい。

被調査者となった高齢者のお宅に、私は学部生とともにうかがった。調査依頼の手紙はすでに送っている。電話等によって、ご協力いただけるかどうかはすでに確認済みである。約束の日時にうかがう。被調査者となる高齢者の方にご挨拶し、再び調査の主旨説明をさせていただく。その上で、調査票に従って、聞き取り調査が行なわれた。

私、そして一緒のチームとなった学部生が、被調査者に質問を重ねる。前述のように、小型テープレコーダーを用いてはいなかったので、私たちは一生懸命メモをとった。高齢者の語ることばを一言も聞き逃すまいと必死だった。時折方言も混じることばはその場で一瞬で理解することはたやすくはなかった。ある学部生は、相槌を打ちながら、高齢者が語ったことばを繰り返し口にし、再度確認していた。その際に語られたことばに、私は違和感を覚えた。その学部生が語ることばは、高齢者の方が語られた内容とは異なるものだったからだ。私はその場で、私の理解と著しく異なる場合のみ、もう一度確認してみた。当時の私が高齢者が語られることばをどのくらい理解していたか心許ない。しかし、その学部生は明らかに誤解していたように思われる。なぜ、そのようなことが起こるのか。その学部生は、自らが体験してきたこれまでの体験と経験によって生成された世界観によって、高齢者のことばを解釈していたように思われるのだ[17]。あまりにも歴史的な実り豊かな語りを、現代日本社会における均一的で同質な世界観に無理矢理押し込み、歪め、そして「加工」してしまっていたように思える。また、私たちは「調査票への回答」であるその語りを必死にメモにとっていた。調査者が回答を記入する「他計式」の調査である（直井一九九八）。調査を終えた後、私たちは場所を変えて、その走り書きのメモを一心不乱に清書し、お互いの書いたものを付き合わせてみた。その際にも、私たちが書いた双方は、かなり異なるものだった。その学部生が「調査票への回答」というかたちをとって浮かび上がらせた高齢者の生活史という物語は、私がぼんやりと描いた生活史という物語とは異なっていたのだ。私には、その学部生の物語がいびつで平板なものに見えた。小樽という地域社会の文脈からは乖離しているように思えた。ここでふと思う。私の解釈は正しいのだろうか。その学部生と私のどちらのほうが「正しい調査結果」なのだろうか。それを一体、誰が決めるのか。その被調査者となった高齢者に一度も会ったことのない講座の教員だろうか。それとも、現場にいた私たちだろうか。しかも、異なる解釈をしている私たちのうちのどちらであろうか。私は当時、大学院生であり、小樽の郷土史やいくつかの統計資料を読み込んでいた。だから、私だというのか。講座の中の権力関係で決まってしまうものなのか。知識の多さで決まっているものなのか。現場での一瞬の判断や感覚は尊重されることはないのか。私にはわからない。ただ、何年間もの間、チームを組んで調査を行なっていたのだが、解釈が一致する場合ばかりではなかったように思える。その際には、焦点を当てられることはなかったかもしれないが、このような解釈のせめぎ合いがたしかに生じていたのだ。その膨大なせめぎ合いの結果が、一人の高齢者の調査票として、講座に持ち寄られて、総体としての調査結果としてまとめ上げられたと言えるだろう[18]。これこそ、まさにボトムアップ方式なのかもしれない（ボトムアップ式の研究方法に関しては、佐藤二〇〇四）。

少し疑問を感じることもある。この場合の社会調査の主体は誰なのだろうか。「講座」というヒエラルヒー（Hierarchie）においては、講座の長こそが社会調査の主体であり、ひいてはそれにまつわる解釈の主体であると言えるかもしれない。だが、きわめて民主的な共同研究の場では、一体どうなるのであろうか（宮内二〇〇〇）[19]。

社会調査からフィールドワークへ

時が経ち、講座における調査票を用いた対面式面接調査には、小型カセットテープレコーダーが導入され、私は講座の後輩たちに社会調査のやり方などを指導する側にまわっていた。その当時、実際の調査場面において私は、講座の調査票の順番通りに質問をしてはいなかった。調査票の設問すべてを暗記し、被調査者となった方が少しでも苦にならぬように、スムーズな会話を行なうかのように、相手の方に合わせて、臨機応変に調査を進めていた[20]。ここに至るまで、私はさまざまな方の社会調査にご一緒するように努めてきた。まるで「圧迫面接」と思えるような重苦しい調査をされる方もおられた。また、被調査者となった方がおっしゃった語りを、自らの研究枠組のジャーゴン（専門用語）で言い換えて、戸惑われている被調査者に同意を求め、最終的に刊行された論文や報告書においては、あたかもその被調査者がそのことばを語ったかのようになっているなどということも中にはあった[21]。調査者は多様だ。さまざまな調査者が多様な調査を行なっている。被調査者も同じように多様だ。そして、多種多様な調査場面の雰囲気によって、私たちは何らかの影響を受けてしまう。このような中で、私は被調査者となった方に心的な負担を極力かけないようにすることを心掛けた。社会調査という枠組は、時間のみに限っても、被調査者となった方の時間を消費してしまうものである。その代償として、よく見られるような大学の名前入りの手ぬぐいやボールペンを差し上げるといった行為は再考すべきかもしれない。逆に、そのような文字通りの「粗品」をやめて、改めて御礼状を送ったり、粗品のための費用を「対象者向けの報告書」作成の費用に回す方がよいという意見もある（玉野一九九八）。もはや研究者側が考えている被調査者となった方々の調査場面において消費されたと見なされる時間や労力と、実際のそれとは等価ではない。その乖離は著しいものになってきた／いるのではないか。だからこそ、日本社会学会のみならず、さまざまな場で問題視されているのではないだろうか。私は、可能な限り、被調査者となった方の事情に合わせるかたちで、講座の社会調査というプロジェクトに参加してきた。繰り返し述べると、具体的には、調査票の設問すべてを暗記し、被調査者となった方との会話を不自然に中断しないように気をつけながら、調査を行なったのだ。このことは私のオリジナルであると声高に主張しようという気は一切ない。恐らく、私が知らぬだけで、このように調査を行なってきた方はごまんとおられることだろう。私としては、現在のフィールドワークにおいても、講座の調査票の設問すべてを組み替えながら尋ねることは少なくはない。さらに、以前のように小型カセットテープレコーダーを用いずに社会調査を行なってきた際に身に付いたと思われる、調査場面での語りを受けとめる力はいまなお非常に役に立っているように思える。アルコールが入っても調査を続けることができるのは、農村での社会調査などでも培われたものなのかもしれない。私の現在のフィールドワークは、出身講座における社会調査の体験で育まれたと言えるだろう。

さて、このように調査票の順番通りに尋ねることをしない私のやり方に、読者の方はどのように思われたのであろうか。まったく話にならないと呆れられたかもしれない。現時点で、私自身もどちらが良いのかについては、いまだに結論は出てはいない。つまり、調査票の決められた順番通りに質問を行なうべきなのか、順番自体はさほど問題ではないのかという問題についてである。本書において繰り返し述べられている通り、私は臨床心理学講座出身で、心理学と社会学のはざまに陥ってしまったようなところがある。そのような少し変わった〈雑種〉の立場からすれば、厳密な実験室内実験とこの問題を重ね合わせて見てしまう。条件を制御するということに重きを置くとすると、私が行なってきた聞き取り調査は結果からすべて除外されるべきなのかもしれない。手続きにしたがっていないと見なされてしまうことだろう。しかし、一方では、講座による社会調査すべての条件を制御するというきわめて困難な課題も迫り来ることだろう。

私としては、これは立場の違いであると考えたい。「どちらが良い・悪い」という二項対立の単純な図式でとらえるのではなく、両者が長所と短所をともに備えた、社会調査における立場であると考えるのである。ここにはまず一つの立場がある。これを「**調査票中心主義**」と名付けよう。日本国の社会調査の流れに途切れることなく脈々と引き継がれてきた立場であろう。私が先ほどから述べてきた独自の方法は、この「調査票中心主義」の立場ではない。調査票は単なる道具と割り切ってしまい、調査票はあくまでも従と位置付ける、いわば非「調査票中心主義」の立場と言えるだろう。しかし、誤解を避けたいが、私は調査票を否定しているわけでは決してない。社会学の講座を巣立った私はその後、調査票を用いて研究を行なうときもある。たしかに全面的に用いているわけではないが、状況がつかめない場合には、調査票を用いた量的調査を行なうこともある。何を尋ねられるのか、相手が非常に不安に感じている場合には、先に調査票というかたちにして見ていただく場合もある。いつどのような場合に調査票を用いるかということは、かなり臨機応変であり、文脈に依拠するので、一般的な記述はここではかなり難しい。

最後に、私が調査票を中心に社会調査を行なうこと自体に疑問を感じた出来事を記述したい。本書の「はじめに」で引用したフィールドノーツの後日の出来事である。つまり、先の「はじめに」で引用した出来事の数日後に、これから引用する出来事がある。

（前略）午後6時。皆はお開きになったが、Aさんに残ってもらって、僕の書き直したものを見てもらった。同時に僕のやりたいことを聞いてもらった。彼女は僕の最後の結論部分を見たかったらしかった。結局、また僕がどういう話にするのか見えないと言われ、また「白紙に戻して」と言われた。彼女は今日は時間がないから、自分の言いたいことだけ言うから、今度は僕が言う番をつくると言った。彼女は今までのことをなかったことにしてもらえないだろうか、と言う。生活史の話は僕にとっては重要だけれども、彼女にとっては何ら重要ではないと言った。僕が書いた生活史を読んだ彼女は、非常に困った顔をして、もっと時間をかけてゆっくりすべきだと何度も繰り返した。それは、事実の細かい間違いが元ではないと言う。根本的に僕は在日についてわかってはいないと言うのだ。彼女はこういうエピソードを話した。手が不自由な人にどういうふうに接すればいいのか、最初はわからない。しかし、一緒にいることによって、その人が汗を拭くときにはテーブルの上にハンカチを置いて、自分の顔をそこにつけて拭くのだということがわかる。そうすると、汗をかいていると、テーブルの上にハンカチを広げて置いてあげれば助かるのだということが見えてくる。しかし、僕にはそういう点が何も見えていないと彼女は話す。（中略）いろいろな思いがあって、そこに至った、その経緯を僕はまったく理解していない、そこが彼女が白紙に戻したいところなのだと僕は思った。それに在日一般を理解するための一人として彼女は自分が話を聞かれたと考えていたのだと言う。だから、僕がまとめたように個人の生活史としてまとめられることに、まず驚いたようだ。そして、非常にそれを嫌がった。僕は自分なりに説明したが、わかってもらったとは到底思えない。僕には在日について何もわかっていないという言葉にショックを受けた。その通りかもしれない。このまま、研究を続けていくことに疑問さえ感じ始めた。

1993年11月27日（土）12：30-18：30（記述は翌日11月28日）

心理的な動揺が隠せない。フィールドノーツを読み返す度に、その日の心情がよみがえるような気がする。このエピソードは、私の研究そのものにかなりの影響を与えているように思える。誰かを理解するということ。このことを、私は修士課程時のフィールドワークの中で、Aさんから学んだように思う。Aさんのことばには、調査を行なう側の都合で相手を「研究対象」として位置付けた際に、その相手を理解する方法として、私たちはどうすべきかということに関して、数多くの重要なことが込められているように思う。

おわりに

本章では、きわめて個人的な三つのエピソードを記した。

まず、私が何も知らぬままに行なった「はじめての社会調査」を振り返りながら、その戸惑いをできる限り丹念に書き記した。ここには、社会調査の実際の場面においては、高度な調査論にまつわる知識ではなく、目の前にいる人に対する私たちの態度がまずは問われているということが示されているように思う。ここでは社会調査論という視点からの枠組ではなく、現代社会における日常的な相互作用という枠組がまず基本となっていることを忘れてはならないだろう。調査という体験を経るにしたがって、そのような意識が薄らぐ危険性もあるので、自戒の念も込めて記しておきたい。

次に、当時在籍していた講座による社会調査を振り返りながら、そのときの社会調査に対する違和感の発端を想起した。単純にまとめるならば、被調査者の語りと調査者側の理解との乖離であった。複数の調査者によって社会調査を行なっていたために、それがたまたま鮮明になったように思われる。そこから導き出された問題は、「解釈の主体は誰か」という問題である。講座というヒエラルヒーでは、その長が種々の責任を伴いながら、その任を務めるという結論が導き出されるかもしれないが、平等を謳った共同研究においてはいかなる解決手段が考えられるのだろうか。私の経験を述べているに過ぎないので、このことは対面式の面接調査に限られている。郵送調査や留め置き調査においては、このような問題に直面せずにすむだろう。とは言え、同種の問題が存在しないということとは異なる。

最後に、講座による社会調査から、現在私が行なっているようなフィールドワークに移行するにあたり、決して忘れることができない出来事を記した。私の反応はあまりにもナイーブすぎるのかもしれない。私はいまもなお、Aさんの主張が間違っているとは思えない。誰かが息づく生活の場に、外部の人間がその場の文脈を無視して、外部の文脈を何のためらいもなく持ち込みながら、上がり込んでくることを、Aさんは戒めていたのではないだろうか。〝土足でずかずかと上がり込み〟、強引に話を聞き出そうとする態度に失望したのではないだろうか。私はそこから〝聞き取る〟のではなく、より添いながら見ることの重要性を再認識したように思う。この出来事の後、聞き取り調査などには一生かかわらないという生き方もあったかもしれない。しかし、結局、私はその方向には進まなかった。いまも、さまざまな方の話をうかがい、今もなお論文というかたちで活字にし続けている。

そのような私は、社会調査を否定してはいない。本章ではひとつの提案を行なった。本章では批判を行なったように見えるかもしれないが、このプロセスにおいて、社会調査における立場の相違が浮かび上がってきたように思う。その一つの立場は「調査票中心主義」である。このような立場の呼称を私は提唱した。ただ私は、調査票を用いる社会調査を行なう場合もあるが、対面式の面接調査を基本としており、調査票を中心には置かない、非「調査票中心主義」の立場ということになるだろう。そのように考えれば、本章は、「調査票中心主義」調査の素人が、「調査票中心主義」調査を体験的に学習し、非「調査票中心主義」の立場へと、その足場を移していったプロセスを綴ったひとつの物語と言えるだろう。

［注］

（1）二つのシンポジウムの詳細は以下の通り。
シンポジウム１「社会学の中の社会調査」（司会：中河伸俊・佐藤郁哉／１「社会調査をめぐる社会学の深刻な課題――大阪府下44市町村の市民意識調査実態を踏まえて」大谷信介／２「計量的モノグラフ」吉川徹／３「フィールドワークの再創造」松田素二／４「『社会調査ハンドブック』の方法史的解読」佐藤健二／討論者：馬場靖雄・赤川学）
シンポジウム２「社会の中の社会調査」（司会・櫻井厚・片岡栄美／１「サーベイ調査（Social Survey）の困難と社会学者の課題」玉野和志／２「二次的データ分析の問題と展望」山口一男／３「市民調査という可能性」宮内泰介／４「『啓蒙主義以降』の調査の可能性を探る」山田富秋／５「暴力被害と調査研究」内藤和美）

（2）現在の日本国の高等教育機関には二種類ある。学会大会への参加を認める機関と、認めない機関である。

（3）『社会学評論』の特集においては、桜井論文がその二つのシンポジウムで出された問題についての見取り図を示してくれている（桜井二〇〇三）。とりわけ、社会調査における認識枠組の問題と、調査者と被調査者との関係にはらまれるポリティクスと倫理をめぐる問題に焦点が当てられている。

（4）社会調査の教科書においては、「対象者宅の探し方、対象者に対する『あいさつ』のしかた、面接調査のしかた（とくに個別面接調査の場合、これが重要）、調査不能や調査拒否の場合のあつかい方、調査終了後にその場で行う調査票の自己チェックのポイント、回収後の調査票のあつかい方」（江上一九九八、一一二頁）などもインストラクションにおいて注意することが指示されているが、私が在籍していた講座においては上記のような話は一切なかったように記憶している。つまり、どのような調査主体によって、誰が実際に社会調査を行なうかによって、そして調査の実際の手法によって、この部分はかなり幅があると見なした方がいいだろう。

（5）暴走族を対象にした伝説的なフィールドワーク（佐藤一九八四）で知られる佐藤郁哉氏によるフィールドワークの教科書からは、その当時のフィールドワークにおける服装に対して、佐藤氏が非常に戦略的に考えていた様子がうかがえる（佐藤二〇〇二、四六-四八頁）。つまり、「その場の雰囲気からあまり浮いた様子に見られないように」、「服装としてはジーンズにTシャツ、その上にはサファリスーツ」を羽織り、首からは一眼レフのカメラを下げていたという。これは、佐藤氏自身が、当時のフィールドにいた人たちに理解してもらいやすいように、「『ジャーナリスト』に近い格好をすることにした」のである。このように、フィールドワークにおけるファッションは、フィールドワーカー自身がフィールドにおける人たちのことをその時点でどのように理解し、そのような人たちにどのように理解してもらいたいのかということの反映でもある。不思議なことに、男性のフィールドワーカーでこのような描写を取り入れる人は少なく、女性のフィールドワーカーではさらに少ないように感じる。

（6）話している間に、不快感を和らげることは可能である。先のような議論はきわめて断面的とも言える。人間は一瞬の判断で好悪をたしかに決めているかもしれないが、その好悪を逆転させることもまた不可能ではない。

（7）大学院の小講座制で良かったと思われる点の一つは、このように講座で取り組んでいた調査に関して、気軽に情報交換が直にできるという点である。研究室でお茶を飲みながら、あるいは学内外の安価な食堂・定食屋で食事を取りながらやり取りされた情報が、実際の調査場面やその後の分析作業において非常に役立つことが多かった。大学院時代には、指導教員とのやり取りも重要であろうが、先輩や後輩との議論の方が有益である場合もあるだろう。

（8）だからといって、看護師に対しては、看護師というポジションの者もしくはそのポジションを経た者のみが調査を行なうべきだというわけではない。小宮論文を参照してほしい（小宮二〇〇〇）。

（9）私たちの講座は、外部の他者に社会調査を委ねることはなかった。講座のメンバーによって大半の調査は進められた。当該組織の外部の他者に委ねられた場合には、つまり、その社会調査に縁もゆかりもなく、意味を見出せない人たちに実際に調査そのものを任せてしまう場合には、社会調査の主体は当然のごとくリスクを負うことだろう。「調査会社にアルバイトとして雇われているらしい人たちが、ファミリーレストランで堂々と調査票の回答を捏造」するといったことも報告されている（森岡一九九八、vii頁）

（10）『心理学・倫理ガイドブック』においては、面接法では一人の面接協力者に対して複数の面接者というパターンは、「圧迫感を与えるということから避けるべきところと考えられる」と指示されている（古澤ほか二〇〇〇、四八頁）

（11）社会調査の結果報告の中に、調査を行なった学生たちが心情を綴った「調査日誌」を収録している場合もある（奥田・田嶋一九九五）。私自身も池袋調査のプロセスを知る上で非常に参考になった。さらに、青年期の自己論を研究する研究者にとっても示唆に富む記述ではないだろうか。私たちの講座の調査に参加していた当時の学生の一人は、「学生がいろいろな世代、世界の人と接することでカルチャーショック（当時はそれが面白かった）を受ける」ことと、「自分に欠けているものを認識する（今から思うと、これは大きかった。学生は社会人と比べてマナーはなってない。今思い出しても恥ずかしくなることがたくさんある）」ことが、社会調査を体験する上で重要な意味であったと私に語ってくれた。

（12）飲酒行為を嫌悪される方には信じられないことだろうが、農村調査においては一通りの聞き取り調査が終わり、酒を勧められてから本当の調査が始まるなどとインフォーマルな場では語られてきた。酒を飲んで酔ってから、被調査者の口からは「本音」が語られるというのだ（さらには、非合法の密造酒が振る舞われるかどうかも重要な指標となるとされていた）。それゆえ、農村調査を中心とする講座では、アルコールが強い者しかメンバーになれないということもあったなどと伝え聞いたりもした。現在ならば、調査者と被調査者との飲酒行為を倫理的に問題にする方もおられるかもしれないし、アルコールに酔った状態の回答をどのように扱うのかという認識論的な問題として取り上げる方もおられるのかもしれない。

（13）例えば、以下のようなエピソードもある。「ある地域の町内会長（県議会議員のキャリアをもつ）に調査協力を依頼したところ不在であったので副会長に協力をお願いした。住民生活調査のことである。国勢調査の調査員の経歴をもつ副会長は快く協力することを約してくれた。ところが後にこのことを聞いた会長は無断で副会長が協力を約したことを聞いて激怒した。『私が預かるこの町内はいわば私が責任をもつ領土である、会長に無断で調査をするとはけしからぬ』と。結局、この地域での住民生活調査をわれわれは断念した。当時、革新系の政党に属していた町内会長のこのような認識も今日の町内会長像の一側面を描きだすための断片的データとして受けとめることができよう」（安原二〇〇〇、六一三－六一四頁）。

(14) この調査の結果は、講座の一人の学生の卒業論文としてまとめられた。実証研究を柱としていた講座では、当時においてはそのような流れが当たり前であった。ちなみに、その学生は被調査者の生活史や語りに目を潤ませ、泣きながら卒業論文を書き上げていた。一方で、このときの調査メンバーの中に、非常に高価な外国産車に乗って、高齢者のお宅をまわって調査を行なう学生がいた。調査後の酒の席では、その行為の是非を問う議論がなされた。「青臭い議論」だったかもしれない。だが、いま思い返すと、調査論としてはさまざまな要素を含んでいて、いくつもの考えるべき論点を提起している話題だと思う。その一つとして、《被調査者とは生活世界を異質にする調査者は、その被調査者に対して聞き取り調査は可能か》という問題だ。具体的に言えば、可能であろう。ただ調査票に基づいて質問をしていけばいいのだから。しかし、その場での微妙なニュアンスや雰囲気などの理解は可能であろうか。意見は分かれることとなろう。もし、先の問題について聞き取り調査は可能ではないということになってしまうと、「先進諸国」出身で生活する研究者による「後進国」出身で生活している人たちへの聞き取り調査も不可能ということになるかもしれないし、その逆も不可能ということにもなるかもしれない。

(15) ちなみに一九九三年一〇月の時点で、日本国内の総人口における65歳以上の人たちが占める割合は13・5%であり、北海道内では13・4%であった。この調査が行なわれた地区は、翌年五月では20・9%であった。さらに、この地区の高齢者の独居世帯と高齢者のみの世帯は、当該地区における全世帯の22・8%を占めており、高齢者が多い都市として各地方自治体の職員及び首長が視察に訪れることが少なくはない小樽市の中でも、もっとも高い割合となっていた。

(16) この調査において調査者の役割を果たしたのは大学院生4名、大学生19名の計23名である。ちなみに、この報告書を担当するにあたり、私はこの社会調査の二年後にこのフィールドに行き、単身でフィールドワークを行ない、事実の確認を行なった。

(17) これは、この学生がまだ知識や生活体験が十分ではない大学生だからだとは決めつけることなどできない。研究者同士においても、解釈の相違をはらみながら、共同で社会調査を行なっている場合もある。例えば、宮本常一はある農村での人間関係総合調査に参加した際の出来事を報告している(宮本一九六九)。

(18) さらに言えば、前述の通り、調査者となる人間の《理解力》と《記憶力》が試される結果となっており、このような調査者一人ひとりにかなり委ねられたデータをもとにして調査結果を書くことになるのである。

(19) さらに付け加えれば、一人きりのフィールドワークだからと言っても安心できはしない。その上、会話の録音が許され、さらにはビデオカメラでの撮影が許されたとしても、本書の第四章で示されているように判断がつかなくなるような場合もあるだろう。

(20)『心理学・倫理ガイドブック』では、面接は「一種のストレス場面である」ので、以下のような配慮の必要性が挙げられている。つまり、「回答しやすい質問を面接の最初に設定したり、協力者の回答内容に従って質問の順序を変えていくこと、協力者の回答を面接者が理解したところを相手に伝えてみること、協力者の疲労に気づかう」などの配慮である（古澤ほか二〇〇〇、四七-四八頁）。

(21) 福武直はこのように述べている。「しかし、作業仮説は、調査を嚮導する基礎的な枠組として機能する反面において、これを用いる調査者の科学的態度に欠けるところがあるばあいには、調査研究を誤ま《ママ》る危険性をもっている。すなわち、（中略）作業仮説が入念につくられればつくられるほど、研究者はこの仮説にひかれやすい。また、ここで附言すれば、研究者のもつ世界観的立場や個人的偏見も、客観的な調査研究の中に入りこんで、調査をあやまることが少なくないのである」（福武一九八四、四七-四八頁）。

［文献］

江上渉　一九九八「社会調査はどのように進めるのか」、森岡清志（編）『ガイドブック社会調査』日本評論社、九九-一一三頁

奥田道大・田嶋淳子（編）一九九五『新版・池袋のアジア系外国人―回路を閉じた日本型都市でなく』明石書店

小宮敬子　二〇〇〇「看護婦が病院でフィールドワークするということ」、好井裕明・桜井厚（編）『フィールドワークの経験』せりか書房、二一二-二二五頁

桜井厚　二〇〇三「社会調査の困難―問題の所在をめぐって」、『社会学評論』第五三巻四号、四五二-四七〇頁

佐藤郁哉　一九八四『暴走族のエスノグラフィー―モードの叛乱と文化の呪縛』新曜社

佐藤郁哉　二〇〇二『フィールドワークの技法―問いを育てる、仮説をきたえる』新曜社

佐藤達哉（編）二〇〇四『現代のエスプリ―特集：ボトムアップ人間科学の可能性』四四一号、至文堂

谷岡一郎　二〇〇〇『「社会調査」のウソ―リサーチ・リテラシーのすすめ』文春新書

玉野和志　一九九八「調査の企画を具体化しよう」、森岡清志（編）『ガイドブック社会調査』日本評論社、八五-九八頁

玉野和志　二〇〇三「サーベイ調査の困難と社会学の課題」、『社会学評論』第五三巻四号、五三七-五五一頁

富田英典・藤本憲一・岡田朋之・松田美佐・高広伯彦　一九九七『ポケベル・ケータイ主義！』ジャストシステム

直井道子　一九九八「調査票はどうつくるのか」、森岡清志（編）『ガイドブック社会調査』日本評論社、一四五―一六六頁
中野卓　一九八〇「戦中・戦後日本社会学史外伝（その二）―アルガ改めアリガ改めアルガの意味」、『書斎の窓』二九三号、六一―六四頁
中野卓　二〇〇三『中野卓著作集第一巻―生活史の研究』東信堂
福武直　一九五八『社会調査』岩波書店
福武直（・原純輔）一九八四『社会調査　補訂版』岩波書店
古澤頼雄・斉藤こずゑ・都筑学（編）二〇〇〇『心理学・倫理ガイドブック―リサーチと臨床』有斐閣
宮内洋　二〇〇〇「共同研究の中の〈私〉と〈あなた〉」、日本発達心理学会ニューズレター第三一号、五―六頁
宮本常一　一九六九「日本を思う―無性格国家ニッポンの由来」、『月刊ペン』（後に『宮本常一著作集第一五巻』未来社、三四―四九頁に集録）
森岡清志　一九九八「序にかえて」、森岡清志（編）『ガイドブック社会調査』日本評論社、i―viii頁
安田三郎・原純輔　一九八二『社会調査ハンドブック　第三版』有斐閣
安原茂　二〇〇〇「上巻解説」、布施鉄治『調査と社会理論―布施鉄治著作集　上巻』北海道大学図書刊行会、五九一―六一五頁

Side Story
サイドストーリー①

「あいつら」から「Y君」へ、そして……

勤務校（二〇〇四年当時）では学内の全敷地内が禁煙となっていた。そのため、喫煙の習慣がある学生さんたちは休み時間になると、大学の敷地の外に一目散に向かうことになる。次の講義があるので、それほど遠くには行けない。大学周辺には喫茶店が一つあるのみ。そこで、校門の近くで多くの学生さんたちが固まって、煙草を吸うことになってしまう。それは、かなり目立つ光景だ。吸殻のポイ捨ても少なくはなかった。そこで、教員には喫煙指導という職務があった。校門近くで喫煙する学生さんに、路上で座り込まないように、吸い殻等をポイ捨てしないようにと注意を行なうのである。また、学内のトイレの中などで喫煙している学生さんを発見して捕まえることも職務の一環だった。また、大学周辺の路上駐車の取り締まりも行なっていた。私もこのような職務をずっと行ない続けてきた。就職した当初は、まだ教員として認知されていなかったせいか、ポイ捨てを注意した際に、無視されたり、「ばかじゃねえ、こいつ」や「キモッ」などと罵られたこともあった。ポイ捨てされた吸い殻を拾っているすぐ横で、吸い殻をポイ捨てされると、とてつもなく悲しい気分に陥った。しかし、数年が経つと、私も「大学側の者」として認知されてきたようで、ただ近づいていくだけで、「携帯灰皿を持っていますから」と先回りして答えてくれる学生も増えた。そのような中に、非常に目立つ数人がいた。坊主頭でサングラス姿に、百キロをゆうに超えるような体格だ。そのような風体の男性が数人集まって、煙草を吸いながら話をしている様子は、恐い。私も正直に告白すると、「あいつら、恐いなあ」と思っていた。学生に対してそのような感情を持つことは教員としてあるまじきことなのかもしれないし、恐らくお叱りを受けることだろう。しかし、言い訳をさせていただくならば、私はこれまで35歳で初めて就職するまでに、数多くの塾、予備校、専門学校、短期大学、大学、大学院と様々な場で教育に携わって、ご飯を食べてきた。これまで教えた生徒さん、学生さんは、のべ2万人は超える。その中で、殴られそうになったり、ナイフを向けられたりしたこともあるなど、ちょっとした恐い目にも遭ったことがある。だから、「恐い」という感情をどうしてもなくすことはできない。

さて、先ほど述べた「あいつら」についてである。学科が異なっていたこともあり、「あいつら」を教えることは一度もなかったし、やり取りとしては喫煙に関して注意するくらいであった。その後、めぐり合わせか、私の所属学部・学科が変わり、「あいつら」の必修科目を突然担当することになった。最初の講義はかなり肩に力が入っていたように思う。そのうち私の中で、「あいつら」から一人ひとりを認識できるようになり、呼び名がかれら一人ひとりの名前に移行していった。かれらは全員がある運動系クラブの部員であることや、坊主頭にしているのは機能性の追求ゆえ、体格が良いのもその競技のために鍛えていることなどが明らかになっていった。時が経って、かれらに対して怯えていた自分自身が滑稽に思えた。そして、特にリーダーである一人の学生は、きわめて礼儀正しく、私を見つけると遠くからでも巨体を震わせながら近くにやって来て、直立不動で挨拶するほどだった。そして、かれは私の担当する科目を取れる限り履修し、欠席することもほとんどなかった。

もしも数年前に、校門近くの学生たちの様子を調べてエスノグラフィーを書くという機会があったとしたならば、どのようなものになっていただろうか。かれの名も知らぬまま、「あいつら」として描いていたのかもしれない。本当に恐ろしいのは、このように描くことだろう。拙稿（宮内二〇〇四）でも述べたように、第一印象でのエスノグラフィーはあまりにも危険だと思われる。印象記にもある種の意味があるだろうが、私たち「書く者」による記述によって、その場やその人物のイメージが固まってしまい、それが安易に流布されることに「恐れ」があってしかるべきではないだろうか。本書においては、特に〈見ること〉を推奨している。〈聞き出す〉のではなく、〈寄り添うこと〉によって見えてくることの重要性を述べたつもりだ。それは、私がフィールドワークという営みの中で、学んだことであるし、教えられたことである（本書第一章参照）。だからといって、〈見ること〉のみをひたすら強調しているわけではない。「あいつら」という認識のままに見ていたとしても、そこから得られる描写には問題があっただろう。見続けることによって、認識を深めていく。繋がりを持つことによって認識が変わっていく。このような「交流」を、誰もができるわけではないのかもしれない。そうすると、フィールドワークも誰もができるわけではないということになってしまうかもしれない。しかし、方法はいくつもある。その人にしかできない方法が必ずあるはずだ。そのような方法を見出す必要があるだろう。「交流」を誰もがまったくできないということもない。意志があれば、いつかは繋がりがもたらされるはずである、と私は信じたい。

［文献］

宮内洋　二〇〇四「〈異なる文化〉を語る前に―もう一つの『蜜柑』論」、『現代のエスプリ―特集：ボトムアップ人間科学の可能性』四四一号、至文堂、一八一―一八八頁

第二章　フィールドでの出会い

――私はあなた方のことをどのように呼べば良いのだろうか？(1)――

聞き取り調査やフィールドワークでは、お話をうかがう相手と対面する。さて、あなたの目の前におられる方は誰なのか。人は何らかの集団に所属しているし、否応なく所属させられてもいる。その集団を、私たちはどのように呼んだら良いのだろうか。本章では、日本社会の中のエスニック・グループについて考えてみたい。

はじめに

「あんたはどこかな？　はァ長州か、長州かな、そうかなァ、長州人はこのあたりへはえっときておった。長州人は昔からよう稼いだもんじゃ。このあたりへは木挽や大工で働きにきておった。大工は腕ききで、みなええ仕事をしておった。」（宮本一九五九b、九三頁）

これは雑誌『民話』に初めて掲載され、後に『忘れられた日本人』に収録されて「土佐源氏」として広く知られることになる「聞き書き」の冒頭の一節である。ここから、少なくとも上記の文章のオリジナルの語り手とされる「土佐源氏」こと山本槌造氏（一九四五年没）が用いたとされる「長州人」という、いわば一つのエスニック・カテゴリーが存在していたことが漏れ聞こえてはこないだろうか。

高知県の山中深くの集落、茶ヤ谷で馬喰を生業として塩や茶を運搬し、晩年は精米・製粉業を営んでいた一人の男性のものとされる一九四一年時の「語り」から本稿を起こしたが、そのおよそ半世紀後、かつての「長州人」を覆い隠してしまった一つの大きなカテゴリーに容赦なくメスが入れられている。つまり、近年〝「日本人」とは何か〟という問いが社会科学・人文科学の領域においてますます多く見られるようになってきたのである。より正確に言うならば、「日本人」の脱構築的な作業が積極的に進められている。その一例として、一九六二年に東京都で生まれたという小熊英二氏の手による二つの大作（小熊一九九五、同一九九八）は両書共に、上記の問題にメスを入れたものとしては近年稀に見るほどの労作であると高い評価を受けている。後者を乱暴を承知の上で要約すると、「日本国家」が政策的に「日本人」を創出し、統合政策の一環として「日本人」であるかないかの境界線を恣意的に移動させていったということになろう。このような国家の政策を対象とした歴史学的な研究はたしかに盛んであるのだが、この種の研究では、冒頭部で示したような宮本常一が聞き取った日常生活空間における「境界線」がこぼれ落ちてしまうのではないだろうか。当然のことながら、資料的な制約が大きいだろう。つまり、現在残存する資料には日常生活空間を射程に収めた研究に寄与するものは少ないと思われる[2]。とは言え、今後はこのような日常生活場面上の「境界線」をあぶり出す必要があろう。そうでなければ、きわめて微細であると見なされ、この種の問題の射程外に置かれていた問題はそのまま取り残されてしまうように思われる。そのことはつまり、個人は国家の思惑通りに踊らされ、翻弄されたかのような「物語」ばかりが残されてしまうことを意味することにもなろう。そして、国家が次から次へと繰り出す投げ縄を軽やかにすり抜け続けた、あるいは自らが生活する生活圏とは別に国家が勝手に制定してしまった国境を飛び越え続けた、いわば国家による「境界線」自体を意図的／非意図的に無効化したような個人一人ひとりの「物語」の総体は忘却されるのみということをも意味する。

このように、国家を擬人化したかのような研究の一方で、「民衆」などと一括りにカテゴリー化されていた一人ひとりの生活する個人に焦点を定めた研究も、さらに切迫感を伴いながら必要性を増していよう。このことを確認した上で、その生活する一人ひとりにおける他者に対する認識について少し考えてみたい。前述のとおり、「日本人」という強固な枠組みが実は「張りぼて」であるということは先行研究が示す通りであり、その中にはことばや文化を奪われてしまった幾つものエスニック・グループの亡骸が隠されている。だが、このような事実を情報としては摂取することができても、身体レベルで理解することはきわめて困難である。そのことは、「日本人」とは異なるとされるエスニック・カテゴリーに対しても、一つの確固とした自明のエスニック・グループとして見なしやすいということからも明らかだろう。ここまでの「日本人」の箇所を、「日本人」以外の他のエスニック・カテゴリーに置き換えたとしても、誤謬とはならない可能性は大いにあり得ることだ。そのような可能性に気づきにくい傾向を、どうやら私たちは持ってしまっているようである。一つの集団として歴史的に残存し続けるということは、一方で残り得なかった異なる主張の者たちの亡骸を包含するということにもなるのだろう。この種の問題を私たちはどの程度理解することができるのだろうか。現在、大学内部の日常生活場面では「ポスコロ」などという牙を抜かれてすっかり飼い馴らされたかのような略称で流通・消費されてしまっている「ポスト・コロニアリズム」は、この点を私たち一人ひとりに一瞬の余裕すら与えぬまま突きつけているように私には思える。

一方で、「当事者」側も戸惑いを隠せない。いくら公的な、あるいはポピュラーな呼称が認知されていたとしても、自らで違和感を感じる人たちがいる。例えば、先の小熊氏と同じ一九六二年に福岡県小倉で生まれたという李孝徳氏は、ニューヨークに滞在する自らのことをいかに呼ぶべきかと自問する（李 一九九九）。そこで彼は、合衆国で生活する自らのような存在を表わす呼称を知ることとなる。〈Japanese speaking Koreans〉という呼称だ。彼はその呼称にアレンジを施し、〈Japanese speaking（South）Koreans〉とした。そして彼は自らを指すこの呼称を「日本語系韓国籍朝鮮人」と訳す。「日本語にすると何とも納まりが悪いが、今の私にはその納まりの悪さがどこかふさわしい」ということばを付け加えながら。[3] 彼は、いわば「当事者」である。上記のエピソードは、ポジションの移動によって、「当事者」が自らの自己呈示の方策に揺れが生じているとも表現できよう。あるいは、アイデンティティの問題という手垢に塗れたような文脈を持ち出すことも可能だろう。自らが生活する世界において「よそ者」的な視点を保持し続けたと思われるゴフマンは、アイデンティティに関してはまずいったん〈an actual social identity〉と〈a virtual social identity〉の二つに分けた上で議論を始めた（Goffman 1963）。だが、現実はそう単純ではない。では一体何が〈actual〉なのか、〈actual〉と「当事者」が認識していることは〈actual〉として妥当なのか、この点に関しては大いに議論がなされる論点ではあろうが、ゴフマンによる措定にひとまず従ってみるならば、本章は後者の〈a virtual social identity〉にかかわる考察の範疇に分類されるものである。

つまり、本章で考察する問題とは、「日本のエスニシティ研究における〈呼称〉をめぐる問題」であるとは言え、それは「当事者」自身がいかなる〈呼称〉を呈示するのかという問題ではなく、「当事者」ではない者がいかなる〈呼称〉を用いるのかという問題に限定される。「当事者」も割り切れぬ思いを抱く〈呼称〉、その〈呼称〉自体が歴史的に揺れ続けている、そのような状況に少し触れたが、このような状況の中で、「日本社会におけるエスニシティ研究を行なう筆者はいかなる〈呼称〉を用いるべきか」というきわめて個人的な戸惑いに端を発する素朴な疑問の考察でもある。筆者は「日本国内では有数の『多民族』都市のひとつと言える大阪府で生まれ、親が出生届を出した時から『日本国籍』を取得していた。そのこと自体を何ら意識することもなく、私は日本国内で生活し続けていた」(宮内一九九八b、一五二頁)。このような筆者が、日本におけるエスニシティ研究の中でいかなる〈呼称〉を用いるべきなのか。果たしてこの種の問題は、公共の場において語ることを憚られる、あまりにも些細な問題であるのだろうか。

日本のエスニシティ研究における〝出会い〟

まずは断っておかねばなるまい。本章は、日本のエスニシティ研究における〈呼称〉に関するものであり、しかも「当事者」ではない者がどのような〈呼称〉を用いるのかという問題に限定されると前節で述べたが、すべての〈呼称〉に関して言及するものではない。きわめて狭い範囲内に限定されてしまうだろうが、筆者自身のこれまでのフィールドワークの経験に沿ったかたちで述べていきたい。それはかりそめの悪しき経験主義なのかもしれない。先に触れた『〈日本人〉の境界』において、小熊氏は「本書においては、法令や官庁の意見書などを含む政治的な言説が検討されているが、これが支配や差別の『現実』とどう結びついていたかについては、厳密にはまた別個の研究が必要になる」(小熊一九九八、六六八-六六九頁)と語る。もしそうであるならば、自らの心理的プロセスをなぞることによって(自らも「対象」とすることによって)、そのようなもう一方の研究の端緒にたどり着けるような糸口を模索できるのではないだろうか。改めて換言するならば、本章において言及できるのは、日本国内におけるエスニシティをテーマとした対面的相互作用(face-to-face interaction)場面を含む近年の調査研究、しかも筆者自らのフィールドワークを進めるプロセスで知り得た学恩を受けたもののみに限定される。このことを予め断わっておきたい。

まずは最近の「社会調査」の教科書を紐解くことから始めたい。「正しいサンプリングを行っていない調査や、サンプリングの考え方を無視した調査から得られた調査結果は、それが一見いかに興味深そうな結果を示していようとも、まったく無意味であることを肝に銘じておいてほしい」とある（安河内一九九八、一四二頁）。しかも、この論文には「学生がよくやる誤り」の一つとして、「知り合いのつて、ネットワークを使っての調査」が挙げられて、批判されてもいる。

ご存じの通り、エスニシティに関する研究において、母集団にまできわめて厳密に目を光らせた「正しいサンプリング」がなされた調査研究は今のところ無いに等しい。例えば、日本で生まれ育った「外国人」の生活史を中心にした聞き取り調査を行なっている福岡安則氏は、次のように述べる。

「私の聞き取り調査は、無作為抽出（ランダム・サンプリング）の手続きを踏んだものではない。そんなことは、外国人登録原票の閲覧なしには、不可能だ。次々と人づてに紹介してもらいながら、調査を進めたものにすぎない。だから、私の調査体験をもって、安易な結論を導き出すことは慎まなければならない。」（福岡一九九三、三二頁）

福岡氏が指摘する通り、サンプリングを行なう際の母集団の一覧表になるであろう外国人登録原票のすべてを私たちは閲覧することができない。さらに言えば、「調査対象」としての「妥当性」を判断するために、何世代にも遡ることができる各家庭の家系図を勝手に閲覧することなど不可能に近い。ゆえに、たとえ「不本意」であったにせよ、いわゆる「つてやネットワーク」に頼らざるを得ないというのが実情である。しかし、このことは調査研究としての致命傷とはなりはしないと筆者は考える。「エスニシティとは何か」という問いに対して、研究者はこれまで「客観的・根源的立場」と「主観的・操作的立場」という両極の間でぶつかり合い、そして揺れ続けてきた。だが、やや視点を変えてみると、どちらの立場にせよ、「重要な他者」との関係が鍵となっていることにおいてはさほど変わりはないのではなかろうか。すなわち、エスニシティ研究においては、「対象者」とされる諸個人の社会関係（主に家族・親族・友人など）がことのほか重要であると考えられる。そして、これらの関係が生成している場をどのような視点でとらえるかによって、つまり単純化すれば（永遠であれ、一瞬であれ）固定してとらえるか、あるいは（永遠であれ、一瞬であれ）移ろうものとしてとらえるかによって立場は異なってくるように見える。誰によって育てられ、誰と共に育ち、誰に影響を受け、そして誰に影響を与えようとしたのか。どちらの立場にせよ、このような点を捨象することはできまい。だからこそ、以上のような痕跡がわずかながらでも見つけることができる可能性を持つ「つてやネットワーク」が逆に積極的な意味を持つのである。

さて、このような「つてやネットワーク」によって出会う人たちを、筆者はどのような〈呼称〉で呼ぼうとし、そして実際に呼び、そして将来的には呼ぼうというのだろうか。対面的相互作用場面を含む調査に基づくエスニシティ研究において、〈呼称〉に関する問題は主に三つに区分できると思われる。すなわち、①〈呼称〉の選択、②〈呼称〉の非固定性、③〈呼称〉の更新といった問題群である。以下、実際の調査研究のプロセスを念頭に置きながら、時系列的に述べていく。

〝出会い〟以前の問題

まず、第一の〈呼称〉の問題として、〈呼称〉の選択の問題がある。つまり、ある一つのエスニック・グループが存在していると見なされており、そのグループに対していくつもの〈呼称〉がすでに存在しているときに、私たちは、どの〈呼称〉を選ぶのかという問題である。

自らを事例として、具体的に述べていきたい。筆者は自らのフィールドワークにおいて、「在日韓国・朝鮮人」として表わされることが多いエスニック・グループに属すると見なされている人たちに話をうかがう機会が非常に多い。この「在日韓国・朝鮮人」という呼称は現在ではかなり広範囲にわたって流布されているが、実はこれ以外にもいくつもの〈呼称〉が存在している(4)。少し説明するならば以下の通りである。

(1)「在日韓国・朝鮮人」

まず、単なる組み合わせのみで考えると「在日朝鮮・韓国人」という呼称も可能であろうが、筆者の知る限りにおいては、こちらのほうは日常生活場面およびマスメディアでもほとんど見られる／聞かれることはない。

現在では、この「在日韓国・朝鮮人」という呼称がもっとも流布されたものであろう。崔洋一監督による映画『月はどっちに出ている』（一九九三年）においても「正しい呼称」として揶揄されてしまうほどに、総称としてはかなり浸透している。(5) この呼称を最初に提唱したのは、一九三三年釜山に生まれ、一九四二年に渡日したという徐龍達（ソ・ヨンダル）氏である。なぜ、彼がこのような呼称を提起せざるを得なかったのか。やや長いが、この呼称を提起した際の文章を引用しよう。(6)

「祖国の分断の悲劇は、われわれの研究者生活のうえにも、絶えずその胸中に鋭いなにものかをつきつけるのが常であった。筆者もこれまで、『韓国』『朝鮮』の用語を論じることをためらい続け、あるいはタブー視してきたのであるが、一般の韓国・朝鮮人研究者も、ひたすら統一的呼称問題を他力本願的に避けてとおり、あるいは自己の認める一方の呼称に安住してきた傾向にあったことは否定できないと思われる。だが、すでに南・北の分断も36年以上続き、『韓国』『朝鮮』用語の解決を日本人社会に押し付け、われ関せずの態度を取り続けることも許されない時代にたちいたったと判断する。」（徐一九八一、三一七–三一八頁）

そこで徐氏は、①朝鮮半島の歴史、②朝鮮半島の現状、③日本の大学における言語の科目名、④現在の朝鮮半島における平和的統一問題、⑤「在日主体」の創造性という五つの観点から（③のみは位相が異なるように思われるが）、「韓国」と「朝鮮」の「分断」されたままの用語ではなく、統一された「韓国・朝鮮」という呼称を提起している。基本的には、朝鮮半島における「分断」の問題を焦点として、この呼称は生まれたと見てよいだろう。(7)

(2)「在日朝鮮人」

先の(1)の呼称が登場する以前、少なくとも戦後の日本国内のメディアにおいては、この呼称が一般的に用いられていたと言ってよいだろう。[8] かつては「日本人」側が無自覚かつ侮蔑的に用いていたために、現在でも差別的なニュアンスが残存しているように思われる。筆者の生まれ育った大阪府東部（かつての河内）においては、少なくとも一九七〇年代においても「チョーセン」ということば自体が差別語として機能しており（同様の指摘として、原尻一九九八bがある）、「在日朝鮮人」という呼称を公的な場面で用いることは大いに躊躇されていたように記憶している。

一方で、この呼称が現在多く用いられなくなったことについては、もう一つの理由が挙げられよう。[9] 国籍の相違によって、「韓国」籍の人たちを「在日韓国人」、「朝鮮」籍の人たちを「在日朝鮮人」と区別して呼ぶことも少なくない（福岡・金一九九七など）。これにより、「在日朝鮮人」という呼称は、日本在住の「朝鮮」籍の人たちのみを表わしているという誤解を生じさせてしまうかもしれない。しかも、一九八四年四月にNHKラジオおよびテレビに登場した「現代の朝鮮のことば」を学ぶための番組が実際に放送されるに至るまでに繰り広げられた「韓国語―朝鮮語」論争でも何度も耳にしたように、この呼称は、人数の上でも圧倒的な「韓国」籍の人たちを無視しているといった批判もしばしば聞かれる。

(3)「在日コリアン」

近年マスメディアにおいてよく用いられることによって、最近著しく広まったように思われる。特に、テレビを中心とした対象の不特定度が高いマスメディアにおいて、主に出稼ぎを目的として多くの外国人が来日したバブル経済真っただ中の一九八〇年代後半以降、よく用いられてきた（寺岡一九九五、野入一九九六など）。それは、上記のように、先の二つの呼称では種々の問題がつきまとってしまうからである。つまり、「当事者」からの異議申し立ての問題である。だが、この呼称はそれらを回避する可能性に満ちている。メディア関係者にとっては非常に〝都合のよい〟〈呼称〉というわけである。さらに、「コリアン」という表現は、少なくとも視角的には朝鮮半島の南北の政治的分断の緊張関係を隠蔽できるというビジュアルな側面を持ちあわせていることにも注意したい。

(4)「コリア系日本人」

アメリカにおける「アフリカン・アメリカン」といった自らのルーツを明示する呼称の普及から出てきた呼称だと思われる。少なくとも、この呼称は現在の日本社会の状況にはそぐわないだろう。つまり、先のアメリカにおいては、本質的には厳然としたＷＡＳＰ（White Anglo-Saxon Protestant）中心社会であったとしても、建て前として「多民族社会」であることを標榜している。よって、アメリカ国民は出自としては一枚岩ではないという前提により、少なくとも公的には出自が覆い隠されることはほとんどないと考えられる。

だが、翻って日本国はどうであろうか。以前に比べるとかなり状況が変わっており、この呼称の提唱も目につき始めたが（田口一九八四など）、自らの出自が国外にあるということを周囲に知らしめることと、現在は「日本人」であることが何の異和感もなく両立すると見なす人は日本社会においてはまだ少ない。だが、将来的に種々の意味での「ダブル」（かつては「混血」という何ともおぞましい呼称があった）が増大していくと予想され、この呼称は突然「異議申し立て」に絡んで焦点となるかもしれない。

(5)「在日」

これは前述の(1)～(3)までの呼称の略称であると判断されるが、実際には日常生活の口述場面においてはもっともよく用いられているのではないかと思われる。すなわち、特別な感情を伴うことなしに、ゴフマンの言う「舞台裏(backstage)」においては、「当事者」であるなしにかかわらず、もっとも用いられている呼称であるように思われる(Gofman 1959)。厳密に言えば「在日」は日本にいるということを示している表現であることになるのだが、日本国内において「在日」と言えば、主に日本国内で生まれ育った「韓国・朝鮮」籍の人たちを表わす〈呼称〉とほぼ同義となっている場合が多い(10)。

他にも、まだいくつかの呼称が存在する。例えば、「在日コリア人」（植村一九八六）や「在日韓朝鮮人」がある。特に後者は、(1)の呼称の提唱者である徐氏が、最近になって提唱している呼称である。彼は「韓と朝鮮は、もとよりヨーロッパ式の二元論的な対立、互いに排斥しあうたぐいの対立ではない」とし、以前の呼称から「国」を削除して、より統一的な呼称として用いている（徐一九九二）[11]。

さて、ここに挙げただけでも、これらの〈呼称〉が存在するわけだが、この中から私たちはどの〈呼称〉を用いるべきなのだろうか。

筆者の場合は、文章および口述場面においては、先の(2)の「在日朝鮮人」という呼称を総称として用いてきた[12]。それには訳がある。「筆者は大学進学に伴い大阪府から北海道に移住したが、およそ六年前から『在日朝鮮人』女性が中心になってつくられた朝鮮の楽器演奏を行うグループ（主にチャンゴ中心）にメンバーとして参加してい」（宮内一九九八a、二〇〇頁）た。そのグループに出会うまで、あるいはそのグループを通して出会うこととなった、主に修士課程時代のフィールドワーク時に出会った方々に多大な影響を受けているからだ。つまり、筆者は現在までに、朝鮮半島の分断された二つの国が一日も早く統一されることを願う「在日朝鮮人」そして「日本人」（自称／他称も含めて）の方々に多く出会ってきた。彼／かの女たちは、「在日韓国・朝鮮人」という呼称そのものが、分断された二つの国という現実をただ無自覚に追従するものだとして、批判的な態度を取る人が多かった[13]。筆者自身も彼／かの女が語る〝思い〟に多大な影響を受け、現在においては優勢な「在日韓国・朝鮮人」ではなく、「在日朝鮮人」という呼称を総称として用いている。ここで自らのことをあえて述べるのは、「特定の政治権力への自由を主張するならば、その権力にくみしていることを自覚し、表明しなければならない」（原尻一九九三、一四三頁）という主張に大いに賛同するからである。さらに述べれば、この二つの分断された国々を、この「在日韓国・朝鮮人」という呼称が厳密に代表しているかと言えば、とても微妙でもある。と言うのも、「日本国政府は現在（一九九八年六月）にいたるまで、朝鮮半島における主権国家として朝鮮民主主義人民共和国を認めていないので、あるいは日本と国交がないので、『在日』の国籍等の記載欄での『朝鮮』

は朝鮮民主主義人民共和国の意ではなく、出身地域名称、あるいは単なる『符号』として考えられている」(原尻一九九八b、九〇頁)からである。フィールドワークを進める中で学んだこのような知識も、筆者が「在日朝鮮人」という呼称を用いることを後押しし続けている。

また同時に、「朝鮮人」という語感の響きから醸し出される日本社会における過去そして現在の差別から目を背けたいために、響きの良い〈呼称〉が用いられる場合が少なくないが、この現象に関して筆者は疑問を強く感じていることも理由の一つである。このことは筆者の幼年および少年時代に深くかかわることだろう。前述したように、筆者が生まれ育った地域における筆者の身動きが取れた狭い範囲内では、少なくとも筆者が記憶している限りに過ぎないが、一九七〇年代から八〇年代半ばまでくらいは公的な場で「朝鮮人」ということばをはっきりと耳にすることは稀だった。その稀な例の一つは、義務教育時代に学校で頻繁に行なわれていた「同和教育」の場であった。だが、公的ではない場では耳にすることは少なくはなかった。その際には大半の場合、嘲りや罵倒という悪意の感情が伴っていた。一方で、自らが「朝鮮人」と口に出すことに対しては心理的な抑圧があり、筆者はほとんど口に出すことはなかった。学校内の友人間では朝鮮にまつわると思われるような話題はタブーだったように記憶している。このような〝心の中の重し〟が取り払われたのは、筆者が北海道に移ってからのことだった。だから、筆者は総称として「在日朝鮮人」という〈呼称〉を用いていると記したが、その当初は以前の心理的な抑圧が妨げになり、声を潜めてしまったりスムーズに発音できない場合もあった。そして、比較的口にしやすい「在日」という呼称に逃げていたようにも感じる。その傾向は現在においてもまだ消えたわけではない。

以上、筆者自身の〈呼称〉の選択の理由を自らの体験と共に記したが、ここから〈呼称〉の選択そのものが、自らの体験が色濃く刻み込まれた判断に基づいて行なわれた、きわめて政治的な行為であることが鮮明になってきたのではないだろうか。実際に、筆者が出会った「在日朝鮮人」の方々は全体からすればほんの一部に過ぎないし、朝鮮半島の統一はすべての「在日朝鮮人」が願っているとは必ずしも言えないので、政治的な偏りがあることは否めないであろう。

しかも、彼／かの女の主張に賛同している筆者自身も、科学的・中立的な立場にあるとは言えない(14)。意図的、非意図的にかかわらず、いくつもの〈呼称〉の中からある一つの〈呼称〉を選ぶという行為そのものが、きわめて「政治的な行為」（しかも、ある種の決断をも伴った）であるという点は、エスニシティ研究の前段階として見過ごすことができない重要な問題として指摘できるであろう。つまり、いくつかの候補からいかなる〈呼称〉を選択するのかという問題と、使用者の政治性の問題としてまとめられよう。そのことを逆手にとって、読み手および聞き手の側に立つならば、その〈呼称〉の使用者の社会認識と、使用者を基点とした社会関係を読み取ることはそれほど困難なことではない。

"出会い"以後の問題

1. 〈呼称〉の非固有性

大半の調査研究において、私たちは生身の人間として互いに出会うこととなる。このことは郵送による調査などの方法を用いる以外にはほぼ避けがたく、私たちはどうしても互いの身体を伴いながら対面しなければならない。

このような調査のプロセスにおいては（たとえきわめてリジットな調査票を用いたとしても）、被調査者との間で、調査自体の目的とは焦点がずれた会話が蓄積されているはずである。だが、それらは記憶として保存されずに抹消されていただろうか。調査報告書や論文や著書等をまとめるにあたっては、以上のような"些細な経験"が思いのほか役に立ったという経験のある方は少なくないように思われる。調査においては（それはエスニシティ研究のみに限らないかもしれないが）、被調査者との何気ない会話や被調査者の語りのトーンから醸し出される雰囲気なども含めて、被調査者の話をうかがう私たち調査者は知らず知らずのうちにも、面前の個人とその家族の軌跡、そして、そこから生み出されると共に、逆にその軌跡をも支えたであろう彼／かの女の思想を思い描いているのではないだろうか。

さて、ここで〈呼称〉に立ち戻って考えてみたい。

〈調査者〉であった私たちはかつてのまま、つまり調査以前の私たちのままでいることができるのであろうか。このときには先の〈呼称〉選択の問題がそのまま立ちはだかるわけではないだろう。ここに、先に述べた第一の問題とは位相の異なった問題がすでに姿を現わしていると思われる。すなわち、すでに存在している〈呼称〉は、実際に〝出会い〟という経験をくぐり抜けた私たちにとって、その面前にいた人たちのことを表わしたものとして果たして妥当なのかという疑問である。少なくとも、私たちは彼/かの女たちと出会い(換言すれば「対面的相互作用」を行ない)、たしかに彼/かの女たちの〝生の声〟を知覚しているはずである。仮に、意識的に他者の声を遮断して自論の証明作業のみに没頭したり、あるいは功利的に有用だと思える情報のみに全神経を集中させていたとしても、知覚はされているはずであろう。

ならば、〝出会い〟を経た私たちが、自らが用いる〈呼称〉と現実に眼前にいた人たちとの間に、ある種の違和感を抱いたとしても、何ら不思議なことではない。問題は、その自らの感覚に忠実に心中に違和感を抱くのか、何も無かったかのごとく意識下に抑圧して自らを欺くのか、どちらを選ぶのかということになるのだろう。

2．〈呼称〉の更新

前記において、自らで感じた違和感を抑圧しない道を選択したならば、先程までの〈呼称〉を用いることにある種のためらいを感じるかもしれない[15]。この場合、眼前にいた人たちに対する〈呼称〉は変更を余儀なくされるかもしれない。こう考えてみると、〈呼称〉は更新されていく可能性を秘めているようである。

以上のことを筆者に気づかせてくれたのは在日外国人と都市について研究する広田康生氏とのやり取りからである[16]。広田氏は、横浜市鶴見区における「日系人」たちの繋がりを追うことによって、彼/かの女たちの適応(被統合)の過程の一端を明らかにした(広田一九九七)。さらに広田氏は、その後サンパウロのリベルダージ地区(Bairro de Liberdade)を訪れ、自身によって彼/かの女たちの軌跡を逆にたどり、その応答を記してもいる。このような広田氏に対して(逆に言えば、このような広田氏だからこそ)、かつて筆者は彼の用いる呼称に対して異議を唱えたことがあった。彼の調査結果より、彼／かの女たちの多くが（様々な意味において）「沖縄出身者」であり、そのうえ彼／かの女たち自身も（そして何よりも広田氏自身も）そのことに重きを置いているように見られるにもかかわらず、広田氏が「日系」という呼称にこだわる根拠を尋ねたことがあった。そして、例えば「琉球系ブラジル人」といった〝新しい〟呼称を用いる方がふさわしいのではないかという問題提起を行なったことがある。[17]

さて、筆者が一九九四年時に広田氏に対して提起した、この呼称は果たして妥当だったのであろうか。以下は、〈呼称〉の更新にまつわる問題の指摘である。エスニシティに焦点を絞っていくならば、「琉球」というカテゴリーでは到底すまされはしない。筆者が一九九四年六月二三日から始めた沖縄島およびその周辺の島嶼部のフィールドワークにおける出来事が思い起こされる。[18] 例えば、一九九四年初夏、筆者は琉球大学の学生数人のグループと知り合った。彼／かの女たちは「はるばる北海道からやってきた」筆者に対して「沖縄らしい」場面をわざわざ準備してくれた。例えば、観光客向けの海岸ではなく、非常に美しい夕焼けを思う存分仲間内で楽しむことができる地元の人たちで占められるビーチに連れて行ってくれた。また、日が暮れてからは友人たちを呼び出してくれて、筆者を歓迎する宴の席を設けてくれた。そこでは、まず豚足が出され、沖縄では酒の席で必ず豚足を食べるのだという説明も付け加えてくれた。他にもゴーヤチャンプルーをはじめとするメディアで紹介され続けているために、筆者も「情報」としてはすでに知っていた「郷土料理」をピックアップして、筆者に勧めてくれた。このように、彼／かの女たちの一部は筆者に対して、自らが見られていると思われるであろう「沖縄のひと」像を演じているように見えた。[19] だがしばらくして、その学生グループ（沖縄県内では有数の「エリート」集団となるのだが）内において綻びが見え始めた。沖縄県に生まれて初めて訪れたばかりの筆者は、目の前の全員が「沖縄のひと」として知らず知らずのうちに認識してしまっていた。正確には彼／かの女たちはすべて沖縄島出身者ではなかった。筆者に自らの文化を説明するにしたがい、周辺の島嶼部出身者との文化にまつわる食い違いが見られ始めたのだ。これは筆者のような「よそ者」が参与することによって、それまでの〈常識〉がその場での〈常識〉ではなくなり、その〈常識〉自体を説明しなければならなくなるといった必要性が生じることによって、突如日常性のヴェールが剥がされてしまうのであろう（清矢一九九七）。一九九九年初春における筆者自身のフィールドワークでも少しずつ感じ始めたのだが（宮内一九九九ａ）、「沖縄本島」と呼ばれる現在は琉球弧の中心となっている島と、その周辺の島々との文化にはたしかに差異がある。エスニシティに焦点を絞るならば、その差異にも鋭敏であるべきではないだろうか。つまり、筆者が提起した「琉球系ブラジル人」という呼称も妥当かという問題は当然のごとく生じよう。「沖縄系ブラジル人」や「宮古系ブラジル人」や「八重山系ブラジル人」といった呼称も想定できよう[20]。しかし、このような〈呼称〉の微分化は際限がない。調べれば調べるほど、島による差異が現われていく（気づいていく）ことだろう（逆に積分による新たなカテゴリーも提起できようが）。さらには、一つの島の内部も同一色に塗り固められているわけでもない。しかし、当時広田氏に対して筆者はあえて「琉球系」を提起した。たとえ、島々で異なっていようとも、「日本」というカテゴリーでまとめてしまうのはきわめて乱暴であると思ったからである。「日系」という呼称には帝国主義の残滓さえ感じさせる。過去の踏襲以外に、強靭でかつ生産的な理由が存在しないならば、「日系」ではなく「琉球系」という呼称が用いられるべきではないかと考えていたからだ[21]。今にしてみれば、それは性急で乱暴な言いがかりだったかもしれないし、筆者自身の個人的な思い入れによって他者自身が用いる〈呼称〉の変更を促すこと、さらには「当事者」ではない者による〈呼称〉の変容行為のはらむ暴力性に気づくに至った。ただ、このように、〈呼称〉においては歴史と現状の分析に伴い、変容や移行の可能性を模索する道も一方で準備される必要があるのではないかとも思われる。

以上のことを鑑みると、前節で触れた自らが用いる総称である「在日朝鮮人」という呼称も果たして妥当であるのかという疑問が生じてくる。その一例として、原尻英樹氏の大阪府生野区の分析がある。原尻氏は、生野区在住の済州島出身者の歴史を描くことによって、既存の「在日朝鮮人」研究に見られる、検討されぬまま繰り返され続けている言説を批判している（原尻一九九五）。そこで、彼は「日本在住済州島人」という呼称さえ用いるのである[22]。さらに、先に記した広田氏の行程と同じく、原尻氏は済州島を訪れてフィールドワークを行ない（現在も済州島のことばを駆使しつつ行なっていると聞く)、「済州島人のネットワークコミュニティー」という独自の観点から「済州島人」の海を越えた移動の足跡を記している(原尻一九九六、同一九九八aなど)。

このように、〈呼称〉には終着点はないように筆者には思える。私たち研究を行なう者が調査研究を続ける限り、実際に〈呼称〉は更新されることがなかったにせよ、私たち一人ひとりの中ではずっと揺れ続けるのだろう。少なくともエスニシティ研究を行なう者であるならば、「最初に〈呼称〉ありき」として、その〈呼称〉に即した予定調和的な「物語」を紡ぎ出すことだけは避けなければなるまい。自戒の意を込めて付け加えるならば、結果的にこのようなすでにあらかじめ決められた物語の産出に荷担してしまうということは、事実として数多の生身の人々に出会っていたとしても、実は〈他者〉との〝出会い〟を経験していないと言えるかもしれない。

おわりに

本章では、筆者の素朴な疑問に端を発した、きわめて初歩的だと見なされる問題を改めて提示してきた。すなわち、筆者自身は総称としては「在日朝鮮人」という呼称を用いているが、果たしてそれは妥当な〈呼称〉なのかという非常に個人的な疑問を出発点に、実際の調査研究のプロセスをたどりながら、〈呼称〉の選択・非固定性・更新という三つの位相の異なる問題に区分した上で改めて問い直す試みを行なった。[23] さらに付け加えるならば、本章は、対面調査という、調査を行なう者は〈調査者〉という鎧で守られた舞台装置の中の特殊な問題の指摘であったとも言える。

以上、本章で述べてきたことを再び繰り返してみたが、結局、〈呼称〉にまつわる問題には答えは出ない。万人にとっての〈正しい呼称〉などは存在しないと言えるだろう。なぜなら、本章で述べてきた通り、エスニシティにまつわる〈呼称〉は当該時点における〈呼ぶ者〉と〈呼ばれる者〉との関係性が色濃く反映されているからである。つまり、〈呼ぶ者〉と〈呼ばれる者〉の関係性によって〈呼称〉は決められ、そこに国家やマスメディアあるいはアカデミーといった権力が関与することにより、当該〈呼称〉は持続することにもなる。ここで重要なのは、〈呼ぶ者〉が〈呼ばれる者〉

の吟味を入念に行なったからといって、最終的に〈正しい呼称〉などが生み出されることはないということである。これは一種の幻想であろう。種々の位相による関係性によって決定づけられているがゆえに、〈呼ぶ者〉の〈呼ばれる者〉へのまなざしにはすでに〈呼ぶ者〉の価値が内包されてしまっていることを忘れてはなるまい。いくら〈呼ばれる者〉に対して中立に接しようとしても、すでに内面化された社会認識の枠組みはなかなか消えることはない。そこで、〈呼称〉を選択し、あるいは生み出す〈呼ぶ者〉自身に対しても、同様の吟味がどうしても必要となろう。片方のみの吟味は単に片面の詮索に過ぎない。つまり、ここでは「自己言及的」であり「自己反省的」な態度が必要となるのである。例えば、自らが「日本人」であることに疑問すら感じたことのない人が他者の〈呼称〉を決定するということは、最初から論旨の展開は決められているとしか思えない。誤解は可能な限り避けたいのだが、自らへの言及は単なるナルシシズムの吐露や自己顕示欲の賜物ではない。他者の〈呼称〉の（暫定的であれ）決定行為は、自己への言及なしには不可能だと考えられるからである。もし、エスニシティにまつわる調査研究に際して、以上のような問題に出会ったことがないならば、それは単に採集した昆虫を陳列棚に並べていたのとまったく同じ作業をしていたことになるのかもしれない。

最後に、再び当初の問いに立ち戻ろう。つまり、私そして私たち一人ひとりは「あなた方のことをどのように呼べばよいのだろうか」という問いが残されたままである。この問いは、現代を生きる誰もが背負うことになる、喉元に突きつけられた問いでもあろう。現代は研究者のみが〈正しい呼称〉を決定できるような、研究者にとっての「幸福な時代」ではない。かつての明治政府が「境界線」を恣意的に創出したり移動させたりしたのとまったく同様の原理に基づいた行動は、時代錯誤も甚だしいということである。少なくとも、意図的か非意図的かにかかわらず、誰もが〈呼称〉を賭けた闘争に参加している。このことを前提にして、私たち研究する者は〈呼称〉を用いるべきであろう。そして、いかなる〈呼称〉であろうとも、その〈呼称〉を用いたときには、有無を言わせず、フィールドにたたずむ立派な当事者の一人となっているのである。

筆者の立場と言えば、惰性による〈呼称〉の無自覚な使用はとりやめようという非常にオーソドックスで、陳腐でモラリスティックな主張にとどまる。研究者に限っても、自らの思想やこれまでの研究成果に基づいて、自らの用いるべき〈呼称〉を決めているはずである。いや、自ずと決まるという表現の方が近いかもしれない。それを用いる「責任」はたしかに厳密には取れないかもしれない。しかし、改めて言うまでもないことだが、「責任逃れ」や「責任放棄」を自らの研究の出発点にだけはしてはならない。「土佐源氏」とされた一人の男性がそうであったように、私たち一人ひとりも時代の証言者であるのだ。そのことに自覚的でありたい。

【付記】

本章は、文部省科学研究費補助金（特別研究員奨励費）および研究奨励金（一九九四年四月―一九九七年三月および一九九八年一一月―二〇〇一年三月）による研究成果の一部である。この制度によって、筆者は当時生活していた北海道から石垣島までの複数の地域におけるフィールドワークが可能となった。この制度に心より感謝したい。

［注］

（1）本章は、一九九九年一二月に新幹社から発行された『コリアン・マイノリティ研究』第三号に掲載された採択論文「私はあなた方のことをどのように呼べば良いのだろうか？　在日韓国・朝鮮人？　在日朝鮮人？　在日コリアン？　それとも？――日本のエスニシティ研究における〈呼称〉をめぐるアポリア」（五―二八頁）にわずかな修正を加えたものである。私たちの状況は日々刻々と変化している。この拙稿を発表してから五年以上の月日が過ぎたいま、状況は変わり、日本社会におけるエスニシティに関する新たな研究も次々に発表されている。本来ならば、新たな研究を血肉化して大幅な加筆修正をすべきであろうが、それは今後の宿題にさせていただきたい。この拙稿は発表当時、エスニシティ研究の領域ではまったくといって良いほど無視されたが、大阪大学の植田晃次氏などをはじめとして、「新しい社会言語学」の領域において引用していただいた。執筆当時の日本社会の文脈と密接に絡み合った拙稿に対してメスを入れることはせずに、ほぼ発表当時の姿のまま、本書に収録させていただいた。

最後に、本書への転載を認めてくださった在日朝鮮人研究会ならびに新幹社の皆様には心より感謝申し上げます。

（2）それは資料に対する〈視線〉の問題であるという言い方も可能であろう。このとき、カルロ・ギンズブルグ氏による方法論が非常に参考になると筆者には思われる。特に彼の著作である『チーズとうじ虫』における「はじめに」は、そのような視角の研究のマニフェストであろう（Ginzburg 1976）。ただし、彼をはじめとした「ミクロヒストリア」研究に対する批判には、上村（一九九四）などがある。

（3）彼はいわゆる「エリート」であり、階層の高い知識人の自己言及ではないか。彼と類似する出自の人たちの多くは、今なお容易に海外に行けるような環境にはなく、自らのことを客観視して考える時間的余裕もないのではないか。そのような批判は当然なされよう。だが、現代社会の特徴の一つである情報化・国際化のとどまることを知らぬ大波（換言するならば、世界規模の資本主義一元化の波）の中では、本文のような疑問が頭をもたげることは、そう珍しい、いわば明治時代の知識人の嘆きに属するような、ある種特殊なことではないように思われる。

（4）このようなことは、ごく「当たり前」のことであって、わざわざ取り上げることに首を傾ける方も多かろう。だが、ごく「当たり前」のことでは決してない。一九九八年一二月五日にホテル・アウィーナ大阪で行なわれた一九九八年度の「在日朝鮮人研究会」大会のシンポジウム「在日朝鮮人教育から多文化共生教育への回路を求めて」の席上、パネリストの一人であった筆者は資料としてある出版関係の新聞のコピーを配布した。その紙面には拙稿が収められている共著書の紹介がなされていたのだが、拙稿の紹介の文中には「在日北朝鮮人」という呼称が用いられていた。筆者は拙稿の中で一度もそのような呼称を用いてはいないし、さらにかつて今まで一度も用いたことがない。これは、この文章を書いた記者自身による呼称である。この呼称を筆者が用いたと誤解されるような当該紙の記述には憤りを覚えるが、冷静にこの文面を見つめ直してみると、当該記事を担当した記者が既存の呼称を知らなかったからではないかと思われる。ひいては、「在日朝鮮人」の存在を知らなかったからではないかとも考えられる。出版関係の現場においても、このようなことが実際に生じている。遠い昔話ではない。この新聞は一九九八年一〇月八日に発行されたものである。筆者が生活していた北海道においては、「在日」ということばさえ聞いたことがないという人も少なくはない。このような事実にも私たちは目を向ける必要があるのではないだろうか。

（5）例えば、福岡・辻山（一九九一a、一九九一b）あるいは福岡（一九九三）、谷（一九八九、一九九二、一九九三、一九九五、一九九六）、竹ノ下（一九九九）など。もっとも、谷氏は最新の記述においては「在日朝鮮人」という呼称も用いている

（谷一九九九）。

（6）原尻氏の指摘により、筆者はこのことを初めて知った（原尻一九九八b、一五六頁）。ちなみに、朝日新聞紙上において一九七六年二月二七日から四月二五日までにわたり、「65万人―在日韓国・朝鮮人」というタイトルの連載が行なわれたが、これがマスメディアにおいて日本国内中に対して、この〈呼称〉が用いられたきわめて初期の例だと思われる。徐氏は、このタイトルは自らが提案したものだという。

（7）なぜ「韓国」が先に表記されるのか。最初の提唱者と自認する徐氏本人による説明は、①近代の統一国号が「大韓帝国」であったこと、②韓国の人口のほうが多いこと（約2：1）、③韓国のほうが日本に近く交流も頻繁であるというものである（徐一九八二b、九六頁）。

（8）学会誌には「在日韓国人・朝鮮人」という呼称も登場していた（渡辺・大森一九七三）。

（9）とは言え、この〈呼称〉が用いられなくなったわけではない。例えば、原尻（一九八六、一九八九、一九九三）、伊地知（一九九四、一九九六、一九九八）、倉石（一九九六）、金（一九九八）など。

（10）しかし、状況は変わってきているのかもしれない。例えば、「在日韓国・朝鮮人」という〈呼称〉をもっとも早い時期に用い始めたと思われる朝日新聞社であるが、最近変化が生じている。日本からペルーへの送金業務を代行していた商社が銀行法違反の疑いで家宅捜索を受けた事件の大見出しは「在日社会　寝耳に水」というものであった（朝日新聞朝刊北海道版一九九九年九月二〇日14版29面）。担当記者は「在日ペルー人社会」の略称として用いたつもりのようだが、少なくとも筆者はその大見出しを見て、そのようには理解しなかった。その後本文に目を通して、その用い方に驚かされた。

（11）徐氏の還暦を記念して編まれた著作には、徐氏の過去の論稿も収められているのだが、彼はかつて自らが「在日韓国・朝鮮人」と記していた箇所を、現在の彼による呼称である「在日韓朝鮮人」に修正している。一見すると以前より一貫して、そのような呼称を用いていたという錯覚を起こさせる（徐龍達先生還暦記念委員会編一九九三、七五四-七八〇頁）。

（12）ただし、特定の個人について記述あるいは口述する場合は、その個人の生き方および思想に基づいた本人自身が提唱する〈呼称〉を用いるようにしており、これはあくまでも総称についてのみに限定されることを強調しておきたい。

（13）だが一方で「この用語を『分断固定化』とみる一部の教条主義者に迷わされてはならず、平和統一への着実な一歩と見るべきであろう」（徐一九八一、二二二頁）という主張もある。

（14）このような筆者の非中立的な立場に対しては批判の声が必ずや挙がるであろう。筆者は中立的であろうと努めてはいるが、多くの「在日朝鮮人」の人たちから筆者自身が「日本人」であると見なされることからは逃れられることはなく（同時に「男性」であること、「研究者」であることも）、その一点において中立的な立場が果たして存在するのか疑問である（宮内一九九四、同一九九八c）。

まさにベラー氏らが述べるように、「分析者は自らが分析している全体の一部である。分析者は自らの問題を立て、得た結果を解釈するにさいし、自らの経験や自らの属する研究共同体に依拠しているのであり、そして研究共同体自体は特定の伝統や制度のなかに置かれている」のである（Bellah et al. 1985＝1991 訳書三六三頁）。このことには可能な限り、自覚的でありたい。

（15）抑圧する道を選ぶことは、〈他者〉を「石化（petrification）」するという行為であるという表現も可能かもしれない（Laing 1960）。

（16）筆者は一九九六年春に、広田氏本人に横浜市一円を実際にまわりながら解説していただいた。その上、「日系人」たちにとっての「繋留点」であると広田氏が見るブラジル料理店Bにも連れて行ってくださり、氏の一連の研究のキーパーソンでもある経営者の女性を紹介してくださった。寿町におけるフィールドワークも含め、このような貴重な経験をさせていただいた広田氏には深く感謝したい。フィールドワークの隆盛と共に、〝フィールドの囲い込み〟が静かに進行するとおぼしき現在においては、このような広田氏のオープンな態度には敬服せざるを得ない。またその折りには、横浜市を中心に「日系南米人」の子どもたちの研究を行なう藤原法子氏も同行していただき、ご教示をいただいた。同じく感謝したい。

（17）後に、日本社会教育学会・日本教育社会学会第二〇回東北・北海道研究集会における報告「日本のエスニシティ研究における《名称》をめぐる問題」（一九九六年五月二五日、仙台市戦災復興記念館）で同様の主旨を提起したことがある。なお、この報告時には多少の誤解が見られた。本章ならば誤解は十分に避けられることと思われるが、活字の戯れから生じた形而上学的な考察を企図したものではないことは予め断っておきたい。また、報告においては、マスメディアから一方的に「アイヌ」として紹介されていた一人の女性についても触れたが、本書では触れず、別の機会に譲ることとする。ちなみに、「アイヌ」に関する〈呼称〉については、『民族学研究』第六二巻四号に収められている「人種・民族に関するアンケート集成表」（四六一―四六三頁）に簡潔に示されている。

（18）本章が横浜や沖縄島および周辺の島嶼部のフィールドワークの記述に多くを割かれ、筆者自らの居住地であった北海道のエピソードがあまりないことに対して首を傾ける方もおられよう。付加すれば、筆者自身の一連の研究成果は、北海道在住の外国籍の子どもたちについて書かれたものが多い。以前筆者は「北海道に住んでいるのに、どうしてアイヌを調べないのか？」と関西在住のある文化人類学専攻の大学院生に指摘されたことがある（本当は「アイヌをやらないのか？」という何とも耐えがたい表現だったのだが）。このような〈北海道＝アイヌ〉という単純な図式的な外部の視線の解毒こそが、北海道に居住する研究者としての一つの役割とも言えるのかもしれない。

(19) この場合、筆者と彼／かの女たちとの間に、公共機関や放送局などが介在したならば、より一層の誤解が広がる恐れもある。つまり、そのような状況においては、「善意」からのサービスが心ならずも過剰な演出となって表出されてしまい、未知の情景に心を躍らせている「素直な」訪問者たちは何のためらいもなくその姿を鵜呑みにしてしまう可能性を大いに内包している。近年「観光」が一つの〝重宝な〟テーマとして発見された感があるが、この領域では戦略的に演出された「自画像」を演技するマキャベリアン的な個人像が共有された前提であるかのように思われる。この種の文脈とは異なった、功利的な「打算」とは距離を持つ、ささやかな演出がはらむ微妙な問題にも目を配る必要があるだろう。

(20) 本章の冒頭では「長州人」というカテゴリーの存在を示唆したが、この「ブラジル人」という呼称を自明のままフリーズさせたままでよいのかという問題提起もされよう。この「ブラジル人」というカテゴリーを今一度分析する必要がある。ちなみに、広田氏は当初「日系人」というカテゴリーを用い、その後は「日系南米人」という呼称を用いていた（広田一九九四、同一九九五）。

(21) 筆者の調べた限りにおいては、筆者とは非常に近い意図から、新原道信氏が「沖縄系ブラジル人」という呼称を用いていた。

「本稿の中では、沖縄という言葉が様々な形で登場する。沖縄県の住民、沖縄で生まれ育った人々、移民や移住によって郷里を離れたが沖縄をルーツとする人々、広い意味での沖縄人（ウチナーンチュ）を含み込んで考えている。ここで、沖縄系ブラジル人といったのは、ブラジル（たとえばサンパウロ州）の日系人社会の中で、出身地や世代による差異化が存在していることを表す意図がある。南米への移民の中でも、沖縄からの移住者は相対的な多数派を形成している。」（新原一九九六、六四頁）

このような意図から、彼は「沖縄系ブラジル人」という呼称を用いている。しかし、新原氏のこの論文には原注とは別に脚注が付けられており、その上で「脚注を付けるにあたっての付記」が添えられている。ここでは「不適切な表現についてのご指摘を受け、とりわけ不適切だとされた部分については削除し」たことなどが記されていた。不適切な表現がいかなるものだったかは、筆者には計り知れない。ゆえに、以下は想像の域を出るものではないが、「〇〇人」といった呼称をめぐる意見の対立があったのではないかと筆者には思われるのである。というのも、筆者自身がカテゴリーをめぐる対立の場面を何度も経験してきたからである。つまり、本文にもあるように、あるカテゴリーを用いることによって、カテゴライズされた人たちは自らの思想や生き方にかかわらず、ある種のカテゴリーに無理やり押し込められてしまう。だから、あるカテゴリーに押し込められた当事者は、それが不本意ならば、カテゴリーに押し込んだ側に対して、「異議申し立て」の行為を行なう場合がある。のみならず、〈押し込む―押し込まれる〉という関係にある両者がある種のカテゴリーに一時の妥協点を見出しても（そのような幸福な状態はほとんどあり得ないのだけれども）、第三者が「異議申し立て」を行なう場合もあり得るだろう。例えば、国家という「共同体」の強さを誇示する場合に、ある種のカテゴリーの存在が容認できぬという場合だ。もしかすると、当該地域においてもこの種の意見の対立が生じていたのかもしれない。

(22) 済州島のことばは、朝鮮半島のことばとは異なっていると聞いた。筆者は、北海道の大学及び大学院に留学している自然科学を専攻する大韓民国からの留学生と一緒に飲食した場面で、彼ら（たまたま男性ばかりだった）から済州島と自らの母国の違い（済州島も大韓民国の一部なのだが）の強調をよく耳にした。例えば、「済州島のことばはわからない」「文化が違う」「母国とはちょっと違う地域」などという内容だった。ここから朝鮮半島出身者（とくにエリート層）による済州島に対する「オリエンタリズム」が現在も存在している可能性がうかがえる。

(23) 本章を終えた後も、筆者は総称としては「在日朝鮮人」という呼称を用いている。「はじめに」において、本章はゴフマンの言う〈a virtual social identity〉にかかわる側面のみに限定されると述べたが、たとえ〈virtual〉であると断ったとしても、その〈呼称〉が実体としてひとりでに機能し始め、〈呼ばれた者〉を身体のすみずみまでも縛りつけていく可能性は否定するものではない。さらに言えば、この〈呼称〉による「境界線」から排除されたと感じる人たちのやるせなさや失望感そして絶望、逆に〈呼称〉によって一括りにされてしまうことに対する嫌悪感や抵抗感については、本文ではほとんど触れることができなかった。

そもそも本章は筆者である〈私〉の素朴な疑問に端を発していると書いたが、本章の副題にある〈私〉とは何者なのか。〈私〉は、数多のエスニック・グループの亡骸を包含した「日本人」という呼称で表わされている集団の一員として見なされていると記した。だが、ここに居心地の悪さを感じたとしても、ここから抜け出す術を知らないし、異議申し立てをしようにも提起すべき〈呼称〉を持たないし、その〈呼称〉を創出することすらできなくなっている。〈私〉は「日本人」として一括りにされることに対して、たしかに抵抗感や嫌悪感を覚える。だが、自らはコスモポリタンであるとうそぶくこともできない。先の原尻氏は、同氏とほぼ同じ年齢の韓国籍で日本国生まれの男性の生活史を記す中で、民族学校ではなく「日本の学校」に通学する「在日朝鮮人」の子どもの心理的な傾向を述べた後、このように続けている。

「他方、『日本人』の子供たちは、『自然に』自己と他者の分類規則を内面化し、権力関係によっておとしめられている『他者』の『痛み』がわからない『不幸』を背負っていると言える。」（原尻一九九六、一二二頁）。

それは子ども時代の一時期のことだけではなく、〈私たち〉はそのような「不幸」を背負い続けているのかもしれない。つまり、他者の分類作業のみに没頭し、その結果他者の選別作業には長け、一方で自らが何者であるかを問う思考回路が退化してしまったのかもしれない。そこから抜け出すことのできない苛立ちや苦しみすらも感じることができなくなっているのであるならば、「日本人」という刻印は根深く刻まれて、すでに身体の一部になってしまっているのかもしれない。

［引用および参考文献・資料］
伊地知紀子　一九九四　『在日朝鮮人の名前』明石書店
伊地知紀子　一九九六　「生きられる歴史・紡がれる言葉―済州島と大阪でのフィールドワークから」、『人文論叢』（大阪市立大学大学院文学研究科）第二五巻、一一九―四四頁
伊地知紀子　一九九七　「生活共同原理の可能性―韓国・済州島・杏源里社会の事例から」、『ソシオロジ』一一九号、一二三―三九頁
伊地知紀子　一九九八　「営まれる共同性―日本で生まれた済州人の親睦会」、『在日朝鮮人史研究』第二八号、緑蔭書房、一一一―一二七頁
上村忠男　一九九四　「神は細部に宿るか―ミクロヒストリア考」、『歴史家と母たち―カルロ・ギンズブルグ論』未来社、一〇六―一五五頁
植村幸生　一九八六　『在日コリア人の民間信仰における儀礼と音楽』（東京芸術大学修士論文、未公表）
小熊英二　一九九五　『単一民族神話の起源―〈日本人〉の自画像の系譜』新曜社
小熊英二　一九九八　『〈日本人〉の境界―沖縄・アイヌ・台湾・朝鮮　植民地支配から復帰運動まで』新曜社
金泰泳　一九九八　「アイデンティティ・ポリティックス超克の〈戦術〉―在日朝鮮人の子ども会活動の事例から」、『ソシオロ

ジ』一三一号、三七-五四頁
倉石一郎　一九九六「歴史のなかの《在日朝鮮人アイデンティティ》—ライフ・ヒストリーからの一考察」、『ソシオロジ』一二六号、五一-六七頁
佐野眞一　一九九六『旅する巨人—宮本常一と渋沢敬三』文芸春秋
清矢良崇　一九九七「社会的構成物としての調査—『よそ者』論の視点から」、北澤毅・古賀正義（編）『〈社会〉を読み解く技法—質的調査法への招待』福村出版、一六〇-一七六頁
杉原達　一九九八『越境する民—近代大阪の朝鮮人史研究』新幹社
徐龍達　一九八一「近代韓国・朝鮮経済年表—付・『韓国・朝鮮』論の提唱について」、『桃山学院大学経済経営論集』第二三巻第三号、三一七-三六〇頁
徐龍達　一九八二a「NHK講座は『韓国・朝鮮語』で」、『文芸春秋』3月号、文芸春秋、八四-八五頁
徐龍達　一九八二b「平和統一への一歩はまず用語から」、『朝日ジャーナル』vol. 24、No. 31、朝日新聞社、九三-九六頁
徐龍達　一九八三a「統一用語『韓国・朝鮮語』のすすめ」、『朝鮮研究』二二七号、日本朝鮮研究所、四四-五二頁
徐龍達　一九八三b「論壇：『韓国・朝鮮語』を統一用語に」、『朝日新聞』（3月15日朝刊5面）
徐龍達　一九九二「原爆慰霊碑は『韓朝鮮人』で統一を」、『毎日新聞』（9月11日朝刊5面）
徐龍達先生還暦記念委員会（編）一九九三『アジア市民と韓朝鮮人』日本評論社
田口純一　一九八四「異民族・異文化の問題とマスコミ」、磯村英一・福岡安則（編）『解放社会学双書1　マスコミと差別問題』明石書店、一五九-一七七頁
竹ノ下弘久　一九九九「多文化教育とエスニシティ—在日韓国・朝鮮人集住地区を事例に」、『社会学評論』一九六号、四五-六二頁
谷富夫　一九八九「民族関係の社会学的研究のための覚書き—大阪市旧猪飼野・木野地区を事例として」、『広島女子大学文学部紀要』二四号、六三-八六頁
谷富夫　一九九二「エスニック・コミュニティの生態研究」、鈴木広（編）『現代都市を解読する』ミネルヴァ書房、一六〇-一八三頁
谷富夫　一九九三「都市国際化と『民族関係』」、中野秀一郎・今津孝次郎（編）『エスニシティの社会学—日本社会の民族的構

成』世界思想社、一一-一二五頁
谷富夫　一九九四「共生の原風景」、Network for Ethnic and Migration Studies（編）『NEMS NEWSLETTER』14・15合併号
谷富夫　一九九五「在日韓国・朝鮮人社会の現在―地域社会に焦点をあてて」、駒井洋（編）『講座外国人定住問題　第二巻　定住化する外国人』明石書店、一三三-一六一頁
谷富夫　一九九六「『民族関係』のエスノグラフィー―在日韓国・朝鮮人社会と日本人社会」、八木正（編）『被差別世界と社会学』明石書店、七九-九五頁
谷富夫　一九九九「民族関係のフィールドワーク」、『ソシオロジ』一三五号、一〇五-一一三頁
寺岡伸悟　一九九五「理論・フィールド・調査論」、『ソシオロジ』一二三号、一四三-一四八頁
新原道信　一九九六「境界のこえかた―いくつものもうひとつの横浜へとせまるために」、都市研究会（編）『国際文化都市ヨコハマの再生に関する調査報告―横浜市における多文化ネットワークの形成』横浜市海外交流協会、五三-六五頁
野入直美　一九九六「在日コリアンの子どもたち―生活史調査に見る仲間形成」、谷富夫（編）『ライフ・ヒストリーを学ぶ人のために』世界思想社、一三四-一五八頁
原尻英樹　一九八六「在日朝鮮人のエスニシティー―筑豊A地区の事例より」、『民族学研究』五一巻二号、一七五-一八九頁
原尻英樹　一九八九『在日朝鮮人の生活世界』弘文堂
原尻英樹　一九九三「在日朝鮮人研究における〈実践倫理〉の要請」、中野秀一郎・今津孝次郎（編）『エスニシティの社会学―日本社会の民族的構成』世界思想社、一三〇-一四五頁
原尻英樹　一九九五「つくりかえられ生産されるドラマ―生野に住む『日本人』と『朝鮮人』」、ほるもん文化編集委員会（編）『ほるもん文化5　在日朝鮮人民族教育の行方』新幹社、一〇五-一一三頁
原尻英樹　一九九六「日本敗戦後の在日朝鮮人―済州島人の生活史」、原尻英樹・六反田豊（編）『半島と列島のくにぐに―日朝比較交流史入門』新幹社、一七九-二一四頁
原尻英樹　一九九七『日本定住コリアンの日常と生活―文化人類学的アプローチ』明石書店
原尻英樹　一九九八a「国境をこえる『民族』―済州島人のネットワークコミュニティー」、『世界の民族―『民族』形成と近代』、放送大学教育振興会、五四-七〇頁
原尻英樹　一九九八b『「在日」としてのコリアン』講談社

広田康生　一九九四　「日系人家族の生き方」、奥田道大・広田康生・田嶋淳子『外国人居住者と日本の地域社会』明石書店、一九二―二五七頁
広田康生　一九九五　「エスニック・ネットワークの展開と回路としての都市」、奥田道大（編）『21世紀の都市社会学2　コミュニティとエスニシティ』勁草書房、一九一―二三九頁
広田康生　一九九七　『エスニシティと都市』有信堂高文社
福岡安則　一九九三　『在日韓国・朝鮮人』中央公論社
福岡安則・辻山ゆき子　一九九一ａ　『同化と異化のはざまで―「在日」若者世代のアイデンティティ葛藤』新幹社
福岡安則・辻山ゆき子　一九九一ｂ　『ほんとうの私を求めて―「在日」二世三世の女性たち』新幹社
福岡安則・金明秀　一九九七　『在日韓国人青年の生活と意識』東京大学出版会
藤井幸之助　一九九九　「多言語社会ニッポン―朝鮮語①」、『ことばと社会』編集委員会（編）『ことばと社会』一号、三元社、一四〇―一四三頁
宮内洋　一九九三　「札幌市における『在日朝鮮人』女性のネットワーキングと『共生』」、Network for Ethnic and Migration Studies（編）『NEMS NEWSLETTER』８号
宮内洋　一九九四　「《被調査者》とは誰か？・《調査者》とは誰か？―日本におけるエスニシティ研究のなかで」、第42回北海道社会学会大会報告レジュメ
宮内洋　一九九五　「北海道における外国籍園児の現状―幼稚園に対する聞き取り調査をもとに」、『北海道大学教育学部紀要』六八号、一七七―一九〇頁
宮内洋　一九九七　「外国籍園児が在籍する北海道の幼稚園」、『子ども学』一七号、ベネッセコーポレーション、一一六―一二三頁
宮内洋　一九九八ａ　「外国籍園児のカテゴリー化実践」、山田富秋・好井裕明（編）『エスノメソドロジーの想像力』せりか書房、一八七―二〇二頁
宮内洋　一九九八ｂ　「『韓国・朝鮮』籍の子どもが通う日本の幼稚園―エスノグラフィー的記述におけるひとつの試みとして」、志水宏吉（編）『教育のエスノグラフィー』嵯峨野書院、一五一―一七一頁
宮内洋　一九九八ｃ　「『フィールドワーク』の失敗と成功」志水宏吉（編）『教育のエスノグラフィー』嵯峨野書院、一七二―一

七四頁
宮内洋　一九九九ａ　「沖縄県離島部における幼稚園生活のエスノグラフィー的覚え書き」、『北海道大学教育学部紀要』七八号、一一一-一四六頁
宮内洋　一九九九ｂ　「『多文化保育・教育』とクラス編成」、『保育学研究―特集：幼児の多文化教育』第三七巻第一号、日本保育学会、三五-四二頁
宮本常一　一九五九ａ　「土佐源氏・年よりたち五」、『民話』第一一号、未来社、三一-三九頁
宮本常一　一九五九ｂ　「土佐檮原の乞食」、『日本残酷物語　第１部　貧しき人々のむれ』平凡社、九三-一一一頁
宮本常一　一九八四　「土佐源氏」、『忘れられた日本人』岩波書店、一三一-一五八頁
安河内恵子　一九九八　「いよいよサンプリング」、森岡清志（編）『ガイドブック社会調査』日本評論社、一二五-一四四頁
李孝徳　一九九九　「内なる国境の散文的日々(1)」、『週刊読書人』第二二八二号（２面）
渡辺正治・大森元吉　一九七二　「広島市における朝鮮人移民の文化変容」、『民族学研究』三七巻四号、三〇四-三〇五頁
Bellah, R. N. et al., 1985, *Habits of the heart: Individualism and commitment in American life*., University of California Press.（島薗進・中村圭志（訳）一九九一『心の習慣』みすず書房）
Ginzburg, C., 1976, *Il formaggio e i vermi. Il cosmo di un mugnaio del '500*. Einaudi.（杉山光信（訳）一九八四『チーズとうじ虫―16世紀の一粉挽屋の世界像』みすず書房）
Goffman, E., 1959, *The Presentation of Self in Everyday Life*. Doubleday.（石黒毅（訳）一九七四『行為と演技―日常生活における自己呈示』誠信書房）
Goffman, E., 1963, *Stigma: Notes on the management of spoiled identity*. Prentice-Hall.（石黒毅（訳）一九七〇『スティグマの社会学』せりか書房）
Laing, R. D., 1960, *The divided self: An existential study in sanity and madness*. Tavistock Publications.（阪本健二・志貴春彦・笠原嘉（訳）一九七一『引き裂かれた自己』みすず書房）

Side Story

サイドストーリー②

聞き取る体験

ここでは、これまでに私が講義などの場で行なった調査に関する教育実践の一つを紹介したい。〈厚生労働省委託〉（社）日本介護福祉士養成施設協会主催の介護教員講習会「研究方法」（札幌ガーデンパレス、二〇〇三年八月七～九日）で実践した質的研究の演習でのやり取りである。

私よりも年齢の高い受講者が多かったこの講習会では、まず二人一組になっていただいた。その際に、同じ職場の方が組むことがないようにお願いした。話しづらかったり、講習会以降の仕事に支障が生じないための配慮である。さらには、自らの職場とは異なる世界の方の話にじっくりと耳を傾けていただきたかったからでもあった。

これは、生活史に関する講義で説明を行なった後で、実際に生活史の聞き取りと記述を実践してみるというものであった。二人一組になっていただいた後、まず話し手と聞き手を決めていただく。そして、話し手は聞き手の質問に答え、聞き手は話を聞きながら、メモを取り、話し手の生活史を頭の中に描いていく。可能な限り時間を取りたいところだが、お互いに話し手と聞き手の役割を交替して、両者がどちらも体験できるような時間配分にする。

自らが記述したメモをもとに、相手の生活史を可能な限り細かく文章化していく。ここでも可能な限り時間を取りたい。完成したら、お互いに書かれた生活史を交換し、じっくりと目を通す。その上で、著しい誤りや誤解、それから納得しがたい記述等に赤ペンで下線をひいていくという作業を行なう。その上で、お互いに下線が引かれた箇所に対して説明を行なう。

最後に、実際に行なってみて浮かび上がった生活史に関する疑問点や生活史を聞く上で注意すべき点を記述してもらう。もし時間の余裕があれば、講師は生活史に関する疑問に答えるべきであろう。

注意すべき点は、以下の通りである。①話し手は聞かれたことに対して必ず答えなければならないというわけではないということを徹底すること。②自らが話したくない話は聞かれても話すことはなく、聞き手もそれ以上は質問しないというルールを徹底すること。

そして、③完成した相手の生活史はその本人に最終的に手渡すこと。その後どうしようとも本人の自由であるが、必ず本人に手渡すようにしてほしい。そして、本人自らが他者からどのようにまとめられるのかということを考える際の資料として用いてほしい。

このようなワークショップが大学の講義の場で可能か否かについてはやや疑問である。なぜなら、大半が青年期の受講者であり、見ず知らずの人にある種の自己開示を果たして行なうのかどうか（ゼミ内でも「あの人」などという表現が用いられる場合さえある）。さらには、自己開示しようとも、他者に伝えるための「自らを語ることば」を持ち合わせているのかどうか……。それは受講者である当事者の問題というよりは、現代の日本社会が抱える問題によるのではないかとも思う。

第三章　フィールドでの恋愛

第2章で論じたように、対面式の聞き取り調査やフィールドワークにおいては、人と出会うことになる。人と人が出会うことになると、中にはどちらかが恋愛感情を抱くことになる場合もあるだろうし、恋愛関係に至ることになる場合もあるだろう。

本章では、これまで不思議なことに、ほぼまったく語られてこなかったフィールドワークにおける恋愛について述べていく。フィールドワークにおける倫理という側面ではなく、調査報告や結果を読む側の視点から考えてみたい。

はじめに

　忘れられない論文がある。その奇抜なタイトルが忘れられないこともあるが、文中に見られる人間関係の独特の感触が忘れられないのだ。その論文とは、橋本裕之氏の「ストリップについてお話しさせていただきます」である（橋本一九九三）。この中で、著者の橋本氏はある踊り子さんとのやり取りを回想して記述している。その箇所を引用しよう。

　めぐみちゃんがいやいやながらも、都内のあるストリップ劇場に出演していたとき、舞台がはねてからふたりで未明まで飲み続けたことがある。すっかり酔っぱらったぼくは、誘われるままに彼女が十日間だけ寝泊まりすることになっている寮（といってもワンルームマンションの一室である）に転がりこんだ。しばらく休ませてもらうつもりだったのである。どちらからともなく「アイスクリーム、食べたくない？」ということになり、坂の途中にあったコンビニエンスストアで、昔なつかしいアイスクリンを二つ買った。

　アイスクリンを食べながら何を話したのか、もう忘れてしまった。けれども、にわかに用をたしたくなってトイレを借りたことだけは、はっきり記憶に残っている。トイレから出てきたら、がらんとしたワンルームマンション、まるで生活のにおいがしない部屋で、ごくふつうの女の子がごくふつうに寝そべっていた。そんな平凡な女の子がひとり、ぼくの前からいなくなった。ただそれだけのことである。（橋本一九九三、四八九頁）

さて、ここから私たちは、この両者の関係をどのように見なすのだろうか。「これはフィールドワークではない」と眉をひそめる方もおられるかもしれない。あるいは、『対象者』と近付き過ぎている」とその関係性を批判される方もおられるかもしれない。ある人は、この女性がこの著者に恋心を抱いていたのではないかと推測するかもしれない。逆に、ある人は、著者がこの女性に恋心を抱いていたのではないかと推測するかもしれない。単なる一読者である私たちにはわからない。この論文の文章、さらにはまさに行間から読み解いていくしかない。しかし、私たちには手がかりがまったくないわけではない。この著者によってなされた先の記述から、私たちはなにがしかのことを感じることができるかもしれないのである。

ここで、私は読者の皆さんと共に、上記の文章の解釈を競い合おうというのではない。上記の文章からほのかに感じられる感触や心の機微といった身体的な感覚を伴うかかわりとフィールドワークおよび社会調査について、本章では述べていきたい。このことをより切迫した事象としてとらえるために一つの問題をあえて呈示しよう。

もしフィールドワーカーが、フィールドワークで生じる人間関係において、恋愛の当事者になった場合はどうすればいいのだろうか。

より具体的に述べるならば、フィールドワーカーであるあなたが現在行なっている最中のフィールドワークにおいて、研究の「対象」とされている人のうちのある人物があなたのことを恋愛の対象としている、もしくは好意を抱いている場合はどうすればいいのか。もしくは、その逆で、フィールドワーカーであるあなたが現在行なっている最中のフィールドワークにおいて、研究の「対象」とされている人のうちのある人物のことを恋愛の対象としている、もしくは好意を寄せている場合はどうすればいいのか。このような問題を呈示してみたい。

「私は同性の人にしか話を聞かないので大丈夫」と早々に考える読者の方もおられるかもしれない。しかし、その発想は現実の世界の一部にしか通用しないであろう。あなたの住んでいる世界は異性愛者のみが生活する世界ではない。たしかに異性愛者は数多いかもしれないが、多様なセクシュアリティをもった／もたされた人たちが一緒に生活する世界である。たとえいま本書を読んでおられるあなたが異性愛者であろうとも、そして、それを過剰に周囲に誇示していたとしても、異なるセクシュアリティの人の恋愛対象には決してならないとは言い切れはしない。このフィールドでの恋愛をめぐる問題から逃れられる人は一人もいないということを確認した上で、この問題に向き合うことにしたい。

とは言え、このような問題そのものが生じるはずはない。そのように頑なにおっしゃる方もおられよう。上記の「フィールドワーカーであるあなたが現在行なっている最中のフィールドワークにおいて、研究の『対象』とされている人のうちのある人物のことをあなたは恋愛の対象としている、もしくは好意を寄せている場合はどうすればいいのか」などという問題そのものが現実的ではないとおっしゃるかもしれない。果たして、そうであろうか。フィールドワークよりも人と人との接触の機会が少ないように思われる社会調査に限っても、調査での出会いを通して、被調査者もしくは「対象者」と恋愛関係、そして婚姻関係に移行した研究者は皆無ではない。ここで私が知る限りのお一人おひとりの名を挙げるわけにはいかないが、あなたの身近にもそのような方がおられるのではないだろうか。上記の問題はすでに生じている／生じてきたわけであり、先達はその問題を体験・経験してきたわけである。ただ、このようなことが公の場で語られることはきわめて少ないように思う。だから、あまり知られることはないのかもしれない。つまり、隠された問題ということになろう(1)。隠されるには、隠されるべき理由がある。その理由については後で述べたいと思う。このような研究の「対象」とされている人との恋愛関係の中で、社会調査やフィールドワークが突然進展することがある。相思相愛の恋愛関係にならなくとも、好意を寄せてくれる一人の協力のおかげで、まったくはかどることのなかった社会調査やフィールドワークが急激に展開するという体験をされた方は少なくないのではないだろうか。そのような体験も、実はインフォーマルな場では、様々なエピソードを伴って語られることが多い。現実に生じていて、その影響も無視できないほどであると思われるのに、なぜ日本社会においては社会調査やフィールドワークに関するテキストや研究書において、真正面から取り上げられることがほとんどなかったのであろうか。私は非常に不思議なことだと思う。一つヒントとなるエピソードが思い出される。私が大学院生だった頃、北海道内のある研究会で報告したことがあった。当時社会学の講座に属していた私は、社会調査で得られた結果と調査者と被調査者、および調査者同士の人間関係の関係性についての報告を試みた。そして報告後の質疑応答の際に、以下のようなコメントを頂戴した。録音されているわけではないので、かなりの記憶の歪みがあることを前提に読んでいただきたい。その研究会において、もっとも年長であったその方は、調査者と被調査者との関係など、すべてを明らかにすることが良いことではないと諭された。ストリップを例えに出しながら、大切な部分を隠しているからこそ、良さがさらに際立つのだとおっしゃった。このコメントで、私が報告者を務めさせていただいた研究会は締めくくられたように覚えている（その夜はバーボンのボトルを一瓶、信頼する先輩と共に一気に空けたが、酔うことはできなかった）。それから十年以上が経ち、ポジションも一人の大学院生から教員に変わった。先の研究会の場では、私が就職したらわかるだろうと諭されたけれども、そのとき頂戴したアドバイスの本意をいまだに理解することができないでいる。隠す行為。隠すのは、誰のために隠すのだろうか。もし研究の将来などは一切考慮されずに、ただひたすら自らのポジションや既得権利のみを守るためだけに、新規参入者あるいは後陣、もしくは〝研究者の世界〟の外部の人たちに知らせないことを意図して隠すというのであるならば、やはりいまもなお賛同することは私にはできない。

さて、もとの問題に戻ろう。「もしフィールドワーカーが、フィールドワークの中の人間関係において恋愛の当事者になった場合はどうすればいいのだろうか」という問題だ。「どうすればいいのか」と問われても、どうすることもできないだろう。結論を先に述べれば、この場で「正解」を述べることはできない。そもそも、この問題に「正解」などというものがあるのだろうか。一人ひとりが、自らの生き方の中で、自らのやり方で答えていくしか術はないように私は思う。恋愛の体験をどのようにくぐり抜けるのか、どのようなものとして位置付けるのかは、個々の自由であり、マニュアルなどはないというのが私見である。ただ、本章において取り上げた問題には、社会調査やフィールドワークが介在している。私が素朴に疑問を感じているのは、社会調査やフィールドワークにおいて、調査者・フィールドワーカーが恋愛の対象となった場合とならない場合、逆に調査者・フィールドワーカーが「対象」とされる人物に恋愛感情を抱いている場合といない場合に相違はあるのかということである。

恋愛とは

先ほどから述べられている「恋愛」とは一体何だろうか。ここでは、「恋愛」について、いくつかの先行研究を紹介しながら、ひとまずの説明をしておきたい。恋愛についての論考は非常に多い。書店に行けば、恋愛指南書のような本が溢れている。しかし、その多くは根拠に乏しく、間接的で曖昧な情報から成立しているように思えてしまう。一方で、実験結果に基づいた恋愛についての社会心理学の研究がある（松井一九九三、大坊・奥田一九九六など）。また、哲学的な考察も数多い。「愛は技術である」という前提から、恋愛に関する世界的なベストセラーをフロムが著したことはよく知られている（Fromm 1956）。近年では、丹念な実証研究も出されている。その中の一つである赤川学氏による大著では、「理論的には、愛という現象には、『この私』の予期に違背する可能性を有した『他者』の契機が必要である。一方、性という現象は、恋愛の対象となる他者との関係を媒介とした自己再認の契機を有する」と述べられている（赤川一九九九、六二頁）。この引用箇所のすぐ後において、氏はこのことをよりわかりやすく比喩的に述べている。

（前略）「愛する私」と「愛される他者＝あなた」の間に透明なガラスが置かれている状態を考えていただきたい。「愛されるあなた」がガラスの向こう側に現れるとき、「私」の視線は「あなた」に注がれることになる。しかし、「あなた」を見つめようとすればするほど、「私」はぼんやりとガラスに映っている自分の姿を見つけてしまう。「あなた」がいなければ自己の姿をガラスに確認することはない。だが「あなた」をみつめようとする限りは、ガラスに投射された自己の姿が視界に入らざるを得ない。つまり愛とは、「あなた」をみつめるまなざしであり、性とは、「あなた」をみつめるときにガラスに映し出されてしまう「私」の姿を再認することである（後略）。（赤川一九九九、六二頁）

とても美しい詩的な比喩である。少し読みづらかった方は、この文章の「あなた」を「かれ」もしくは「かのじょ」に入れ換えて読み直せば、その意味がより一層身近なものに感じられることだろう。

この赤川氏の比喩を基盤に置いて、青年期によく見られる恋愛における事象を考察してみると、説明がとてもうまくいくように思える。例えば、恋愛において別れることを繰り返す人がいる。先の比喩で例えるならば、愛する人を見つめようとすればするほど、目の前のガラスに映る自分自身の姿を目にしなければならない。自分自身を正面から見据えること。自分自身を直視すること。自己と対峙すること。それは非常に勇気ある営みである。誰もが逃げ出したくなるような気持ちを持っているように思える。そして、ついには自分自身から目を逸らしてしまう。そのことは、結果的に愛する人からも目を逸らすということになってしまう。先のような人は、このような一連の行為を繰り返しているとも言えるのかもしれない。

また、恋愛体験を重ね続ける人がいる。さらに言ってしまえば、性行為の相手を増やし続ける人がいる。このような人は、先の比喩で例えれば、ガラスの向こう側に映る相手ではなくて、ガラスに映る自分自身ばかりを見続けているのかもしれない。つまり、ガラスに映る自分自身を見るのがとても好きなのかもしれない。しかし、ガラスに映る自分自身を見るには、ガラスの向こう側に愛する相手が必要になる。だから、その相手を求め続けていると言えるかもしれない。

誤解しないでいただきたい。ここで「良い・悪い」を論じているのではない。誰かを裁いているわけでも決してない。先の比喩を用いて、説明を試みただけである。当然、他にも様々な解釈を試みることができるだろう。「青年期の心理」などという講義を私が担当させていただいていた頃には、現代日本社会の青年層を悩ませる大きな二つのテーマとして、①進路と②人間関係（特に恋愛と友情）について語っていた。私は受講者と対話形式の講義を行なっているのだが（私の講義の様子については宮内二〇〇〇、同二〇〇三など）、実際にこれら二つが、受講者たちにとって大きな悩みとして意識されていた。自らによるいくつかの調査やフィールドワークから得られた知見から、かなり乱暴に括れば、両者共に同じような悩みの構造を抱えているように思える。すなわち、「本当の○○」を探し求め続ける青年層である。この○○の中に、「恋愛」や「仕事」が入るわけである。どこかに必ず「本当の○○」があると信じている。もしくは、信じなければいまの自分自身を維持できないなど、その背景は様々だろう。この場では詳しく述べることはしないが、このようなものの考えに固着してしまうと、思考の中でさまよい続ける可能性が高くなるように思える。「自分探し」の旅

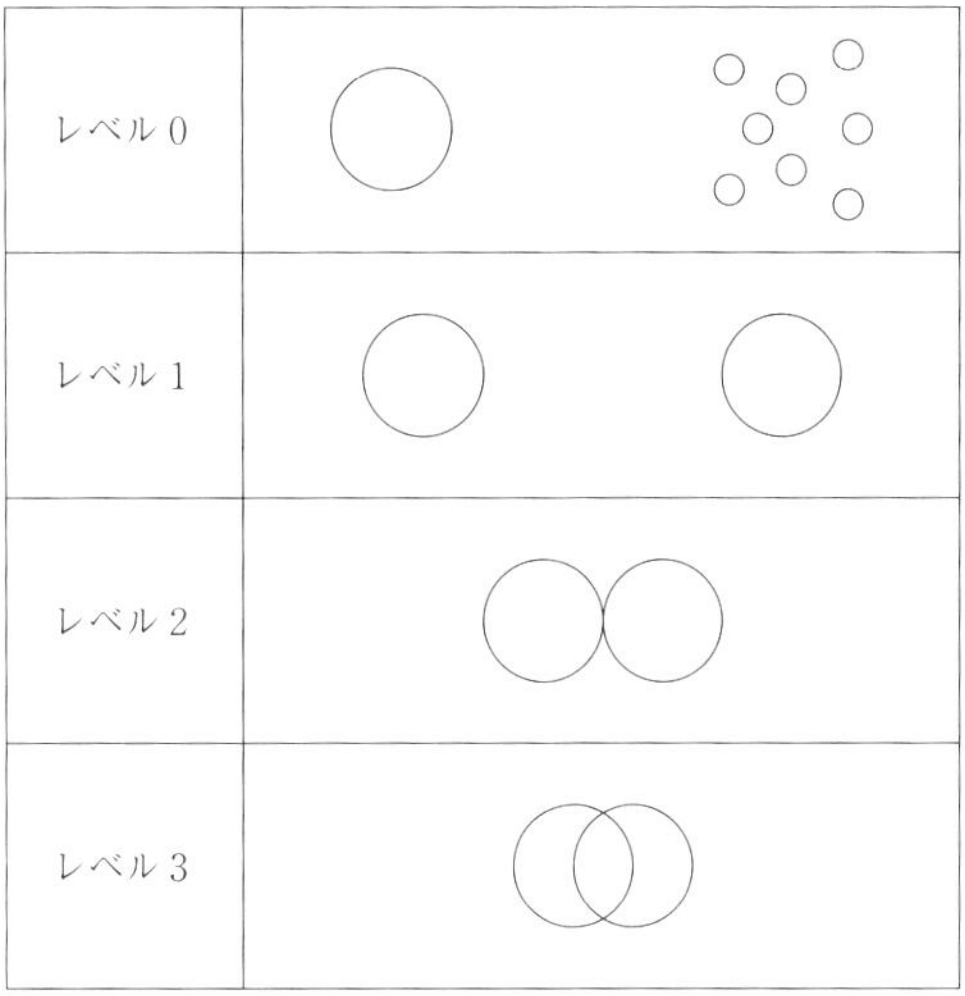

図3-1 対人関係のモデル

を、私は批判しない。しかし、このような考え方のままで旅人であり続けると、旅の途中の草花や樹木から学び、人々の語りをじっくりと聴く場を遠ざけてしまい、出口にたどり着くヒントも得られないままに（出口があるとすればだが）、同じ道を堂々巡りし続けてしまうようにも思える。

＊　＊

異なる視点から考えてみたい。より感覚的にわかりやすく理解していくために、単純なモデルを用いて即物的に説明していくことにしたい。社会心理学者のレヴィンジャーとスヌークによる対人関係のモデル（Levinger & Snoek 1972）を参考にしながら、より単純なモデルを用いて進めていきたい（図3-1参照）。

図3-1において、もっとも上に描かれている〈レベル0〉は、たくさんの人はいるが、誰とも何の接触もない状態を表わしている。ここには現実の人間関係の上では、恋愛関係は成立してはいないと言えるだろう。

次に、そのすぐ下の〈レベル1〉は、一方的に相手を知覚している状態を表わしている。つまり、私は相手の存在に気づいているが、相手は気づいてはいない状態である。例としては、通学や通勤時に見かける人などが挙げられよう。この時点では、一方的な好意や「片思い」と呼ばれる状態にはなることもあるだろうが、

「相思相愛の恋愛関係」とはなり得ないだろう。

そのすぐ下の〈レベル2〉は、両者共に相手を知覚しているが、形式的な相互作用が行なわれている状態を表わしている。例としては、企業訪問をした際の訪問先の受付係との関係や、ファーストフード店における店員と客との関係などが挙げられるだろう。両者同時の「一目惚れ」という稀な状態も含めて、仮にお互いに恋心を抱いていたにしても、ここでは表層的なやり取りしか行なわれていない状態を表わしているので、「恋愛関係」であると表現するかについては、意見が大きく分かれるのではないだろうか。

最後に、もっとも下に描かれている〈レベル3〉は、両者によって相互作用がなされ、共有された時間や空間が蓄積されていく状態を表わしている。そして、図3-1における円と円の交わりの部分が大きくなれば、両者においてお互いのことを違和感を抱かずに、自然に「私たち」と自称することができるような感情が生じるとされている。言い換えれば、双方において共に「われわれ感情（we-feeling）」が生じるというのである。

この図式のオリジナルの発案者たちは、この図式を、対人関係は〈レベル0〉から徐々に段階的に〈レベル3〉へと移行するという発展段階モデルとして提起した。しかし、本章ではそのような発展段階モデルとしては見なしはせずに、個人と個人の状態を示す単純なモデルとして見ていきたい。これらは説明のための図式に過ぎず、現実の人間関係がこのように単純にモデル化されるとは私は考えてはいない。

それでは、本章において、もっとも重要だと思われる〈レベル3〉の状態に注目していきたい。〈レベル3〉における二つの円の交わりの部分が多くなれば多くなるほど、両者の関係は恋愛関係に移行していくのであろうか。現実における人間関係は多様で、そのように単純ではない。だから、私たちは恋愛関係のみならず、人間関係で深く悩み、数多くの失敗を重ねていくのである(2)。

実際に、この図を用いて、恋愛関係とはどのような状態を指すのかという質問を試みれば、どのような結果が生じるだろうか。二つの円を用いてそれらを交差させるという、非常に狭い枠組みの中の表現ということになろうが、かなり個別的な結果になるのではないだろうか。〈レベル3〉において、恋愛関係とそれ以外の関係との境界となるラインは不明瞭であろう。つまり、二つの円の交わりの面積がある一定の面積を超えると、ここからが恋愛関係であるなどという数値的に示された普遍的な境界線はないだろう。しかし、現実には、多くの場合、私たちは体験的に恋愛かもしれないという感覚を個別的には知っている。はっきりと言語化することはできないけれど、恋愛体験であるということは理解されていることが非常に多いように感じる。さらに言えば、〈レベル3〉のみならず、〈レベル1〉や〈レベル2〉においても、相手に対する感情が好意から恋愛感情に移行する感覚を体験的に知っているのではないだろうか。とは言え、一方で私たちが体験的によく知っているように、当事者もよくわかっていない場合もないとは言えないのである。

社会調査やフィールドワークにおける恋愛の可能性

以上を踏まえて、社会調査やフィールドワークにおける恋愛の可能性を考えてみたい。先の図3-1に調査の具体的な方法を書き込んで、図3-2を作成した。次頁を見ていただきたい。

まず、調査者と被調査者がまったく顔を会わすことのないweb上のアンケートでは、そのような可能性がきわめて低いと言えるだろう。〈レベル0〉の状態に非常に近い状態であると言えるかもしれない。先述の通り、この状態での恋愛の可能性は皆無と言ってよいだろう。つまり、この方法においては、恋愛感情や恋愛関係の可能性という要因を排除して考察が可能となるだろう。その点においては非常に利便性があると言える。

次に、本書第一章で述べた「調査票中心主義」に基づく社会調査を考えてみる。この場合は、主には〈レベル1〉もしくは〈レベル2〉の状態であることが目指されているように思える。中には、私が属していた講座のように〈レベル3〉のような状態を短時間で目指そうとする場合もあるかもしれない。しかし、それは例外に近いように思われる。そうすると、「研究の『対象』とされている人のうちのある人物があなたのことを恋愛の対象としている、もしくは好意を抱いている場合」も「研究の『対象』とされている人のうちのある人物のことをあなたは恋愛の対象としている、もし

レベル	モデル	調査の種類
レベル 0		web 上のアンケート
レベル 1		調査票中心主義の郵送調査 調査票中心主義の留め置き調査
レベル 2	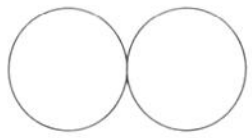	調査票中心主義の面接調査
レベル 3	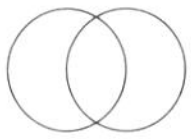	対面式面接調査 フィールドワーク

図3-2　対人関係モデルと調査の種類

くは好意を寄せている場合」の両者共に、あまり現実的ではないように思える。調査者と被調査者の両者が、互いに感情のやり取りを極力排するような関係に基づいて社会調査がなされてきたのだから、先に述べたように、恋愛の可能性が社会調査の教科書で触れられていないのも当然であるのだろう。だが、先述のように、一方的な好意や一目惚れといった感情が生じる可能性は否定できないし、排除することもできない。この点を考慮に入れておく必要があろう。

　このような例がある。かつて、ある農村部において、中学生とその母親に対する面接調査に参加したことがある。その際に、女子中学生に面接調査を実施したある大学生と大学院生が、後で女子中学生に呼び出されて、告白されたことがあった。私たち調査チームのメンバーにおいては、滞在先の食堂での夕食時に話題となるような微笑ましいエピソードの一つであった。しかし、厳密に問うならば、その告白を伴った面接調査の結果と、それ以外の調査結果の扱いについて、疑問が生じる。つまり、両者を同様に扱ってよいのかという疑問である。多くの場合、恐らくこのような感情が生じていたとしても、告白などといった手段に訴えたりされずに、表出されないままなのだと思われる。相手にぶつけられなかったり、表出されない感情については、察知できなかった限りにおいては、「なかったことにして」物事が進んでいくことも仕方がないことなのだろう。しかし、先のように表出された場合は、一体どのように扱えばいいのだろうか。私たちは、先の告白を記述すべきなのだろうか。前述の隠す行為とは、ここにかかわってくるのではないだろうか。このようなエピソードを記述してしまうと、調査結果のもととなるデータの質に対して、読者は疑問を感じてしまうからではないだろうか。そのような疑問を感じさせないように、その種のエピソードは封じ込められているのかもしれない。

最後に、「調査票中心主義」に重きを置かない対面型面接調査やフィールドワークについて考えてみる。もはや述べるまでもないと思うが、この場合は〈レベル３〉の状態にあり、恋愛の可能性については、恋愛の対象とされる場合、恋愛の対象として相手を見る場合の双方共に容易に想像できる。つまり、このような方法を用いて研究活動を行なう者は、恋愛の当事者になる可能性があると言えるだろう。そして、事実を付け加えれば、恋愛の当事者を経た後で、婚姻関係に至る場合も少なくはない。祝福すべきことだと私は思うが、そのような事実があまり目に触れられないことが気になる。そのようなことを書くか否かは、当事者の「美意識」などといった各自の感性のみにかかわることではないと私は思う。つまり、フィールドワークや社会調査当時の被調査者との関係性や、フィールドワークや社会調査において恋愛関係の当事者によってなされたサポート等は、導き出された知見の解釈に深くかかわる認識論上の問題であるのではないだろうか。そのような点をすべて明らかにすべきだと強硬にラディカルに私は叫んでいるわけではない。以前、ある場で交わされた会話をすべて実名と所属を付記して本人に何の断りもなく発表した大学教員がおっしゃったように、「研究者にプライバシーなどない」などという驚くべき主張に賛成しようともまったく思わない。ただ、本章の冒頭で引用した橋本論文にあるように、その手触りだけでも、社会調査やフィールドワーク当時の人間関係の痕跡を、どこかに忍ばせておくことは、読者の読解のためにも必要なのではないだろうか。そのような部分は、地と図の関係で言えば、「地」であると見なされ、まったく気づかれることがないか、意図的に捨象されてきたように思えるのである。

繰り返そう。研究者と「被調査者」もしくは「対象者」が恋愛関係になったり、恋愛感情を抱いたりしてはならないと私は訴えてはいるわけではない。人を好きになるというきわめてポジティブな感情を抑えることが正しいとは思えない。しかも、相手の感情を抑制することなどはできはしないだろう。私はただ、コミュニケーションや感情のやり取りにおいて質が異なってくる可能性があるということを述べているのだ。そのことをあえて隠すことによって、データの誤読があり得るのではないかという問いかけをしているわけである。

おわりに

最後に、高等教育機関に勤めてきた教員としての雑感で本章を締めたい。自らが大学生であった頃、非常勤講師として受講者とかかわっていた頃、常勤職を得て大学もしくは短大の常勤スタッフとして学生たちとかかわる現在に至るまで、数多くの相談を受けてきた。「学生相談室」のスタッフとして働いた体験は一度もない。そのような「カウンセラーとクライエント」という枠組みの中ではなく、多くの人たちの話を聴き続けてきた。(3) その経験から強く感じるのは、さらに言えば年々増してくるのは、学生の多くは、小さい頃からじっくりと他者に話を聴いてもらったことがない、もしくはそのような体験がきわめて少ないということである。私が属していた場に限られるのかもしれない。少なくとも、現在の私の経験においては、自らの話（さらには、涙が止まらなくなるような個人の物語）に、しっかりと耳を傾けてもらった体験がない人たちが多くなっているように感じている。

心理学を研究・教育する者というポジションを拠り所として実践しているわけではないが、相談事を持ちかけられた場合、まず相手を一人の人格として認める、そして相手の話をじっくりと聴く、さらに相手の話に関心を持つということを結果的に行なってきたように思える。「学生相談室」のスタッフではないので、フォーマルなカウンセリングを行なうなどということはまったくない。ただ、誰かの話を真剣に聴くという態度を行なっているだけだ。この姿勢は、私自身については、フィールドワークにおいてもほとんど変わらない。だが、このような姿勢で臨むという行為が、この現代社会においてはきわめて特殊であるようなのだ。私たちは生活面で便利になったにもかかわらず、より一層の忙しさに追われ、誰かと向き合って話をすることを避けようとする傾向があるのではないだろうか。一方、先のような真剣な態度というのは、私たちのこの社会においては、恋愛感情にまつわるコミュニケーションの枠組みに似てしまっているのである。私たちは誰かから一人の人格として無前提に認められることがあるだろうか。自分が語る話を時間制限なしにじっくりと聴いてもらえたことがあるだろうか。さらに、その話に興味を持ってもらえていただろうか。もし、そのような存在が目の前に現われた場合、好意を抱かないだろうか。そのような存在に警戒心を抱くこともあるだろう。しかし、自らの金銭などを狙っていないことが確認できたならば、その見方は変わるかもしれない。さらに、多くの人たちは、自分が語る話に意味を感じてくれ、そのことに重きを置いてくれる人との出会いを求めていると言えば、言い過ぎであろうか。このようなことを考えると、フィールドワークを行なう者は、他者から話を真剣に聞き続ける限り、恋愛感情にまつわることから逃れられないように私は思えるのだ。(4) そして、先の赤川氏の比喩のように、フィールドワーカー自身がより一層、自分自身をも見つめることになるのかもしれない。

［注］

（1）恋愛についてではないが、西澤晃彦氏はこのように述べている。「社会についての理論は、机上の空想物であってはならず、私をも含む私たちが隠蔽してきたものの一切を吹き出させた大洪水のあとに、おずおずとようやく手を付けられるべきものなのだ」（西澤一九九五、一九頁）。同書においては、都市下層へと接合された人々が構築している社会的世界を描くことを通して、私たちの社会におけるまさに「隠蔽された外部」を解明している。

（2）ある占い師がどこかで語っていたが、占う前に「あなたは人間関係で悩んでいますね」と重く述べると、たいていの人は「なぜ当たるのか」と驚くという（そして、その後は、件の占い師のペースに乗せられていくのであろう）。「人間関係」という範疇はあまりにも広い。逆説的に言えば、人間関係で悩んでいない人間はこの世にはほとんどいないと言ってもよいだろう。だから、「当たる」わけである。さらに言えば、占い師を訪れるという行動を起こす人は、何かに悩んでいる可能性がきわめて高いと予測できる。そして、その悩みの大半を占めているのは「人間関係」についてであるということから、きわめて合理的で確率論的な推論を、先の占い師はしているに過ぎない。

（3）これらについては、二〇〇四年一二月四日に道都大学研修センターにて開かれた学生相談研究会において、「学生相談室がない大学の問題について」として報告を行なった。そこでは、志願者のほぼ全員が入学可能となった大学・短大においては、学生相談室のあり方が、将来的に教育システムにより密接にかかわってくる可能性を指摘した。

（4）草柳論文では、恋愛は「強い恋愛」と「緩やかな恋愛」という二つに分けられて論じられている。さらに、恋愛が前者から後者へと変容しているという仮説が立てられている（草柳二〇〇四）。そうであるならば、全人格的コミットメントを前提とはしない「緩やかな恋愛」が、私たちの社会ではポピュラーであることになり、より一層、フィールドワーカー・調査者は恋愛関係に陥りやすく、巻き込まれやすくなるとも言えるだろう。

［文献］

赤川学　一九九九　『セクシュアリティの歴史社会学』勁草書房
草柳千早　二〇〇四　『「曖昧な生きづらさ」と社会―クレイム申し立ての社会学』世界思想社
大坊郁夫・奥田秀宇（編）　一九九六　『親密な対人関係の科学』誠信書房
西澤晃彦　一九九五　『隠蔽された外部―都市下層のエスノグラフィー』彩流社
橋本裕之　一九九三　「ストリップについてお話しさせていただきます」、民俗芸能研究の会／第一民俗芸能学会（編）『課題としての民俗芸能研究』ひつじ書房、四七五-四九六頁
松井豊　一九九三　『恋ごころの科学』サイエンス社
宮内洋　二〇〇〇　「あなたがセックス・ケアをしない理由―福祉系専門学校における教育〈実践〉のエスノグラフィー」、好井裕明・桜井厚（編）『フィールドワークの経験』せりか書房、二一六-二四四頁
宮内洋　二〇〇三　「教室におけるクレイム申し立て―21世紀の高等教育機関における教育の方向性をめぐる試論」、『札幌国際大学紀要』第三四号、一三一-一四四頁（後に『心理学の新しい表現法に関する論文集』第一〇号・最終号、二〇〇三年九月に再録）
Fromm, E., 1956, The art of loving. Harper & Brother Publishers.（鈴木晶（訳）　一九九一　『愛するということ　新訳版』紀伊國屋書店）
Levinger, G. & Snoek, J. D., 1972, Attraction in Relationship: A New Look at Interpersonal Attraction. General Learning Press.

Side Story サイドストーリー③

高見から見る

一人息子の私が帰るのを見送りたいと高齢の両親が大阪駅まで見送ってくれた。新幹線の乗車時間まで昼食をおごるという。父親が薦める店に行くこととなった。場所は大阪駅のすぐ近く。大きなビルの中にあるという目的の店に親子三人で向かった。

大阪駅を出て、スクランブル交差点を渡り、そして地下への階段を下りていく。元気そうな父親の後を私はついていった。そして、地下からそのビルに入って、エスカレーターで5階まで上った。乗車時間が迫っており、あまり時間がなかったので、早足で急いだ。私は父親の後ろをついていきながら、「急いでいるならば、スクランブル交差点を渡り切り、そのまま大きなビルの正面玄関を入り、エレベーターで5階まで行けば早かったのではないか」とぼんやりと考えていた。しかし、父親にとってはそれが当たり前のルートであったのだ。

このエピソードから、フィールドワークについて少し考えてみたい。

そのルートが「当たり前」になっている人たちにとっては、他のルートがあるなどということは頭には浮かばないのではないだろうか。その人にとっては、それが日常であるのだから。日常の出来事を一つひとつ疑っていては、生活などは送れはしないからだ。しかし、例えば、その地域の地理的構造を把握していれば、どのルートがもっとも早道であるのかということの検討が可能となるだろう。

民俗学者、宮本常一は新しい土地を訪ねると、必ず高い地点に行ってみたという。それは宮本常一の父親の教えだという（宮本一九九三）。まさに生活の知恵であろう。高い地点から全体を見渡す。「俯瞰する」、「鳥瞰する」ということだ。これはフィールドワークにとっても、きわめて大切なことだと思う。しかし、全体を見渡すことは非常に難しい。貧しい生活の中で幼い頃から農作業を手伝っていた宮本は、高いところから見ることによって、村の生活が手に取るように見えたのだ（宮本二〇〇一）。自らがよく知っている農作物。林、畑、水田。主屋、作業小屋、畜舎。自らの蓄えられた知識によって、高いところから見ることができた。つまり、たとえ高い地点から見渡せたとしても、眼下にある一つひとつの事物を知らなければ、目の前に拡がる景色は、単なる風景、さらに言えば色と線の集合に過ぎず、美醜の判断を下す対象のみでしかない。

俯瞰すること。

このことは非常に重要だ。その一方で、泥だらけになりながら這いつくばって村のすみずみを動き回る体験も同時に必要なのかもしれない（実際に、宮本常一は歩きに歩いた。およそのべ16万キロ、地球四周分だと言われている）。

「鳥の目」と共に「虫の目」。ビジネスチャンスを謳った本などにはこれらの各々の目（鳥の目・虫の目・魚の目〈時流をみる目〉）を持つことの重要性が示されている。そのような複眼的な見方ができるフィールドワーカーが求められているとも言えるだろう。事象をとらえる際、「質的」や「量的」などのことばにとらわれるのではなく、複眼的なものの見方ができることが肝要だろう（それを明確に示した入門書として、苅谷二〇〇二、今田二〇〇〇など）。

ちなみに、冒頭のエピソードであるが、たどり着いてみると、お目当ての店は閉まっていた。ルートよりも、先に調べるべきことがあるというわけだ。

［文献］

今田高俊（編）　二〇〇〇　『社会学研究法・リアリティの捉え方』有斐閣
苅谷剛彦　二〇〇二　『知的複眼思考法』講談社α文庫
宮本常一　一九九三　『民俗学の旅』講談社学術文庫
宮本常一　二〇〇一　『空からの民俗学』岩波現代文庫

第四章　〈出来事〉の生成

——幼児同士の「トラブル」に見る説明の妥当性について[1]——

小型ビデオカメラ等の録音・録画機器の普及によって、フィールドワークの精度も高まったかもしれないが、喜んではかりはいられない。一方で、〈出来事〉の説明がより一層複雑になってしまったのかもしれない。記録された音声と映像が容易に手に入ることによって、今度は一人の個人においても、複数の状況説明が現われるという事態がつくり出されているのではないだろうか。本章では、ある幼稚園におけるフィールドワークで直面した幼児同士の「トラブル」の分析から、録音・録画機器を用いたフィールドワークにおける問題を考えていきたい。

はじめに

現実のほんの断片しか拾えないはずの機械が記録した「情報」を、より多くの情報と適切な解釈をつけ加えることによってコンテクストの中に置き、意味のある「知識」に変えて行くのは他ならぬ人間です。(佐藤一九九一、二一五頁)

私たち一人ひとりの身体がすっぽりと収まっている時空間を、ここではいったん「現実の世界」と呼ぶことにしたい。この「現実の世界」においては、共時的にいくつもの〈出来事〉が折り重なり合いながら生じているという見方もできることだろう。私たち一人ひとりは物理的に限りある人間であるので、これらの数え切れぬほどの〈出来事〉すべてをありのままに知覚することはできない。後に加工された〈出来事〉を見聞きしたりして知り得る場合もあるだろうが、大半は、誰にも知覚されぬまま、〈出来事〉にはなり得なかった「現実の世界」の中の一断片として過ぎ去っていく。たとえ仮に、ある〈出来事〉を目撃したとしても、その一連の〈出来事〉を理解することは可能なのだろうか。より具体的に述べると、その〈出来事〉はどこからが始まりで、どこで終わるのかということを、私たちは理解できているのだろうか。「現実の世界」の〈出来事〉は、パッケージされた映画作品ではない。この「現実の世界」における〈出来事〉の認識とその説明という行為は、それほど単純ではない。さらに、ある〈出来事〉が誕生すると思われる場、その瞬間に運良く居合わせることがたとえあったとしても、だからといって、その目撃者は件の〈出来事〉を理解していると言えるのだろうか。先にも述べた通り、物理的に限りのある生身の身体の私たち人間は、「現実の世界」全体を、細部にわたって一瞬に見ることなどできはしない。だから、私たちはいずれの〈出来事〉も偏ったかたちで断片的にしか理解できていないのかもしれない。

このように考えると、古のフィールドワーカーたちは、「現実の世界」を、自らの肉眼によって、〈出来事〉というある種の「作品」として切り取ってきたとも言えるだろう。大半の場合は、反証不可能であったために、フィールドワーカー一人ひとりの人格を信用するという承認手続きを通して、フィールドワークを方法論に置いた研究は近年まで積み上げられてきたわけである。

しかし、ビデオカメラの普及によって、様相は様変わりしたように感じられる。過去の〈出来事〉を、録音された音声と録画された映像として、私たちはいとも簡単に手に入れることが可能になったのだ。(2)「フィールドワーク」ということばを今日まで普及させた第一人者とも言える佐藤郁哉氏は、ビデオカメラについて以下のように説明している。

カメラというのは、非常に便利な道具です。頭の中に焼きつけただけでは失われやすくまた変質しやすい視覚情報を、紙や磁気テープに記録して半永久的に保存できます。さらに、時には、私たちの日常的な視覚からこぼれ落ちてしまう情報をカバーすることさえできます。同じ映像を何回も繰り返して見ることによって視覚的世界を細部にまでわたって吟味することができますし、さらに拡大したり縮小することによって、思いがけない発見をすることもあります。同じように、スローモーションあるいはその逆の高速再生を活用すれば、私たちの視覚の時間的制約を越えた運動と映像をとらえることができるようになります。(佐藤一九九二、一二一頁)

山のように高く積み上げられた資料のビデオテープに埋もれるといった、一昔前では想像さえもできなかった状態が出現するほど、フィールドワークにおける録音・録画機械の使用は広まった。だが、そのような状況を手放しで喜んでばかりはいられない。私たちが、録音された音声と録画された映像をデータとして手軽に使用することによって、いくつもの問題が新たに生じてきたように思える。

筆者は、録画されたデータを何度も繰り返し見ていく過程で、ある〈出来事〉を理解そして説明することがさらに困難になっていくという体験をした。さらに、一年間のフィールドワークを通して、その理解と説明がさらにクリアーになるどころか、より困難になっていった。本章では、このような体験を追体験的に記述することによって、ビデオカメラで録画されたデータを用いる私たちが新たに抱え込むことになった問題群を考えていきたい。

肉眼がとらえた〈出来事〉

まず、本章の主題となる幼児同士のやりとりの一端について記しておきたい。本章のタイトルの副題にも示されている通り、このやりとりは〝幼児同士の「トラブル」である〟という表現が可能であると現時点では思われる。筆者が重要だと認識する明確な行動は、「ある一人の男児が泣いた」ということである。彼はなぜ泣くに至ったのか。筆者が本章を通じて求め続けるのは、まさにこの一点であるとも言える。この一点が理解されて初めて、この泣いた男児をめぐる一つの〈出来事〉として、他者に対して説明することが可能になるのであろう。

この幼児同士のやりとりに関して、もう少し説明を加えたほうがよいだろう。本章の舞台となるのは、マリア幼稚園（仮名）である。マリア幼稚園は、一九九四年度に北海道内で外国籍園児がもっとも多く在籍していた幼稚園であった(3)。筆者はマリア幼稚園のご好意から一九九五年度の一年間にわたり、園内においてフィールドワークをさせていただいた。基本的には、小型ビデオカメラを手で持って撮影しながら、園児たちと園内の日常生活をともに送っていた。ただ傍観者的に撮影をしていたわけではないし、カメラを三脚等で固定して撮影していたわけではない(4)。筆者自らが手で持ちながら、園児たちと一緒に走り回っていたわけである。録画された画像は手振れがひどい箇所もあったので、再生して見た場合には船酔いのように気分が悪くなることすらあった。だが、筆者自身の視点にはより近いように思えるし、機動性にも富むように思われる。繰り返しになるが、筆者は園児たちに隠れて、こっそりと撮影していたわけではない。園児たちと一緒に走り回っていたので、筆者の存在は園児たちに認知されていた。単なる「カメラマン」としてではなく、いつもカメラを手に持った「ミヤウチセンセー」として認知されていた。まさに社会調査法の教科書で述べられる「参与観察」であった。さらには、筆者の存在によって、マリア幼稚園の保育の場が混乱してしまうことすらあった（宮内一九九八ａ）。筆者のマリア幼稚園におけるフィールドワークに関して、より正確に記述するならば、参与観察どころか、筆者は補助教員として教育活動の一端を担ってもいた。少なくとも「消極的な参加者（passive participation）」（箕浦一九九九）ではなかったと言えるだろう。

マリア幼稚園は、北海道の中規模都市の中心部にあるカトリック系の私立幼稚園である。筆者のフィールドワーク当時、マリア幼稚園には年少組1クラス、年中組3クラス、年長組3クラスの計7クラスがあった。筆者がレギュラーのメンバーであったのは、年長組のα組（仮名）だった。このα組は、年少組からずっとマリア幼稚園に通園し続ける、いわゆる〝生え抜き〟のクラスだった。このα組には当時、27名（男児17名：女児10名）の園児が在籍していた（一九九五年度中途での転入児は、男女とも1名ずつの2名）。本章の主人公とも言える「泣いた男児」も、このα組のメンバーであり、年少時から通園し続ける〝生え抜き〟の園児であった。

α組の一日の主なスケジュールは、表4-1の通りである。[5]

表4-1　α組の一日（宮内，1998b，p.158）

08：15	登園開始（登園後の園児は園内で「自由遊び」）
09：15	体操
09：30	お祈りの時間
10：00	今日の課題 （課題を終えた園児は教室内で「自由遊び」）
12：00	お弁当の時間 （食べ終わった園児は教室等で「自由遊び」）
13：10	お帰りの挨拶→バス路線ごとに集合
13：40	園児全員降園

本章における幼児同士のやりとりは、表4-1の「お祈りの時間」が終わった後に、年長組3クラスが合同で近所の公園に出かけた際に、その公園内の砂場で生じた。その当時の様子を、筆者のモノローグとして再構成してみる。

それは、どんよりとした曇り空の日のことであった。一九九五年一〇月一八日、マリア幼稚園から徒歩数分の場所にある公園の中の砂場で生じた。その時、私はいつものように愛用する小型ビデオカメラを用いて、園児たちのやり取りを撮影していた。砂場では、α組の男児の大半が遊んでいた。私は一緒に砂遊びを行なうことは、ビデオカメラを持っている関係上、不可能だと判断し、その時は砂場からおよそ1メートルほど離れて撮影を行ないながら、同時に砂場での彼らのやり取りを眺めていた。曇り空の天候のせいかもしれなかったが、時間が緩やかに、あまりにも緩やかに過ぎていくように感じられた。砂場の中に、彼らは山や谷やトンネル等をつくっていた。突然Yくんがイライラした声を発しながら、Tくんの足に砂をかぶせるのを見た。Tくんは Yくんを叩いたように見えた。Yくんは反撃をしようとしたが、結局はやめたようだった。Tくんはそのまま砂場を後にした。YくんとNくんが、ビデオのレンズを土まみれの手で触ろうとした。私は触れないように注意していた。すると、「だめー」とJくんが大声で言っているのを耳にした。TくんがSくんを押したように見えた。**突然、Sくんが大泣きした**。すると、すぐにKくんが走ってきて、Tくんにキックした。あまりの早い展開と、3人が入り乱れた状況に、その場で何が生じていたのか、一瞬に理解することは難しかった。その後、Sくんの大きな泣き声に引き寄せられるように、他の園児たちが集まってきて、隣のクラスの担任のO先生がやって来た。先生は、二人によるケンカと判断されたのか、二人ともお互いに謝るようにおっしゃったようだった。

それにしても不思議だった。TくんとJくんとの間に何らかのいざこざがあった様子だが、なぜSくんが大泣きをしたのか。さらには、まったくの第三者とも思えるKくんが、なぜ走って来て、Tくんをキックしたのか。このトラブルの全容について、私には妥当な説明が瞬時に浮かぶことはなかった。このトラブルは不思議な〈出来事〉として、ずっと心の中に残り続けた。

現場において私たちは一体何を見ているのだろうか。いくらフィールドワーカーと言えども、常に目を皿のようにして自らの周囲三六〇度全体を一年三六五日もの間、一秒も休みなく見渡し続けているわけではない。たとえその現場に

図4−1　ルビンの盃

ずっと居合わせていたとしても、何が自らの目の前で繰り広げられていたのかを説明することは、困難である場合が大半なのではないだろうか。ここから言えることは、フィールドワーカーが現場に「いる」あるいは「いた」からといって、そのことが担保となり、そのフィールドワーカーたちのエスノグラフィー等を保証するか否かは別問題であるということである。さらに言えば、「ルビンの盃」といった多義図形が示すように、たとえ同じモノを見ようとも、見る者によって、その見え方は異なることがある（図4−1参照）。ましてや操作された二次元の図版ではなく、きわめて流動的な人間同士のやりとりである。そこには始まりと終わりさえも不確かである。見る者の視点によって、その見え方はかなり異なってくるのではないだろうか。そこには、見る者のこれまでの体験や経験の違いが如実に反映されているのではないだろうか。まるで芥川龍之介の短編小説「藪の中」のように、一人ひとりによって、一つの〈出来事〉として理解された内容と説明のされ方は異なるのだろう（それぞれの思いを秘めながら）。

筆者は当初、この幼児同士のやりとりから、この〈出来事〉を「排除の物語」に当てはめて理解しようとしていたように思われる。Tくんはやや発達の遅れがあると両親が非常に心配している子どもであった。教室内で一人歩き回ったり、自分勝手と映る行動をしてしまいがちであった。「Kは精神病だ」という衝撃的なタイトルの論文に非常に似通った〈出来事〉であり（Smith 1978）、Tくんを一種の「悪者」に仕立てることによって、クラスのメンバー、少なくともクラスの男児たちが自分たちは「仲良し」であるという状況を生み出すということを意図せずに結果的に行なっているのではないかという考えが、当時の筆者の頭に一瞬よぎった。それは、エスノメソドロジーに傾倒し、しかもそれは「エスノメソドロジストのためのエスノメソドロジー」ではなく、集団からの排除のプロセスをエスノメソドロジーという手法に寄りかかって解き明かし、「共生」へのベクトルへととらえ返そうとしていた当時の筆者の発想そのものであったと、〈いま〉の筆者からは言える。さらに言えば、エスノメソドロジーが誕生した時点で秘めていた衝撃力を一つの運動としてとらえることによって生み出され続けていた好井論文の数々に影響を受けていた当時の筆者の発想であったとも言える。(6) 幼児同士のやりとりをこのように理解しようとしてしまった筆者は責められるべきかもしれない。つまり、マリア幼稚園の生活世界を理解するために幼稚園内に入らせていただいたにもかかわらず、外部から持ち込んだ、しかも筆者が傾倒している「ものの見方」によって、現象を切り取ろうとしていたからである。フィールドに分け入っていても、まさに内在的な理解とは程遠い、外在的な理解を筆者は行なおうとしていたのかもしれない。このような理解が結論として先に保持されているのならば、わざわざフィールドに出かける意味はないであろう。

筆者のモノローグを先に示したが、その後に録画された映像を丹念に見ていくと、当初筆者が目論んでいた「排除の物語」に沿った説明はできなくなった。映し出された映像を改めて見て、筆者は驚いたことを覚えている。自分自身がいかに目の前の状況を見ていなかったのかを痛感させられたからだ。しかも、筆者はフィールドワーカーであるとともに、マリア幼稚園では補助教員的な役割も担っていた。教員の役割を担っていた者として、園児たちの動きをほとんど見ていないことに驚かされたとともに、かなりのショックを受けた。

録音・録画された〈出来事〉

録画された映像を丹念に見つめていくことにより、幼児同士のやりとりは本節のように記述することもできる。表4-2は録音・録画されたデータを文字化したトランスクリプトである。(7) 本章では、きわめて機械的に、30秒ごとに区切って記述していく。ただし、この時間は、ビデオテープに記録された、その当時の小型ビデオカメラが刻んだ時刻であり、外部の世界における時刻と正確に一致しているかどうかはわからない。

主題となる〈出来事〉が生じた砂場は、マリア幼稚園から歩いて数分の場所に位置する公園の中にある（図4-2参照）。図4-3に示すように、砂場は直径がおよそ5メートルの円である。面積はおよそ20平方メートルである。撮影当時の砂場における園児たちの位置関係をおなじく図4-3に示した。概略を述べると、①のエリアにはα組の隣のクラ

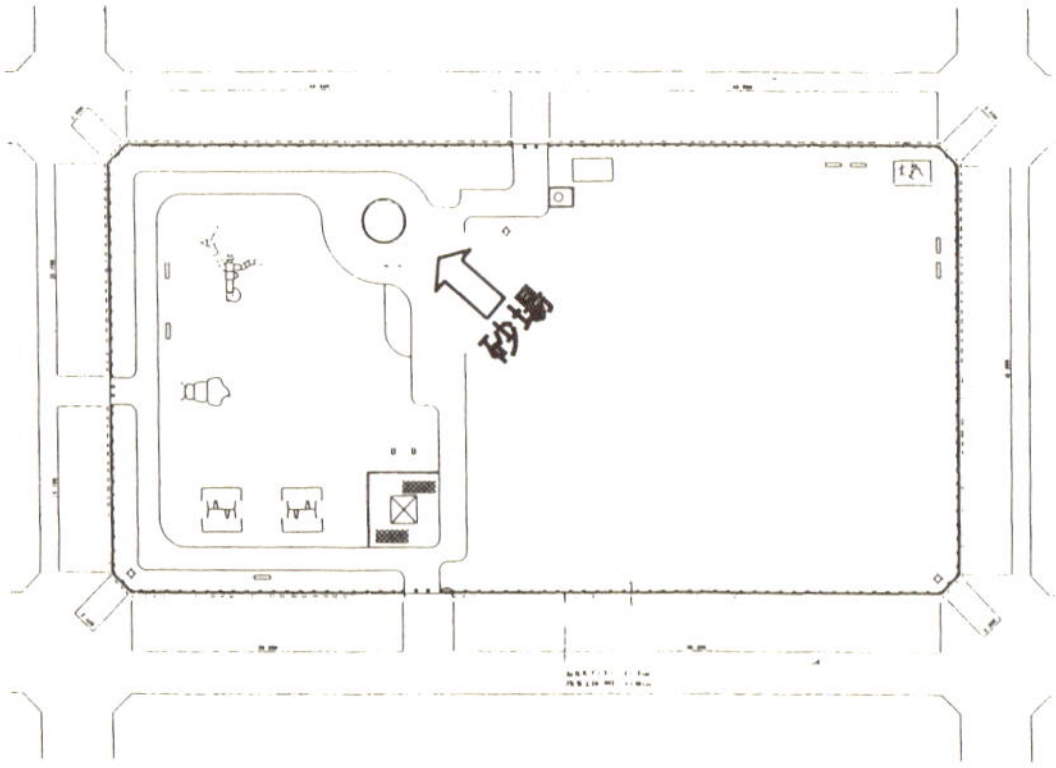

図4-2　公園の全体図

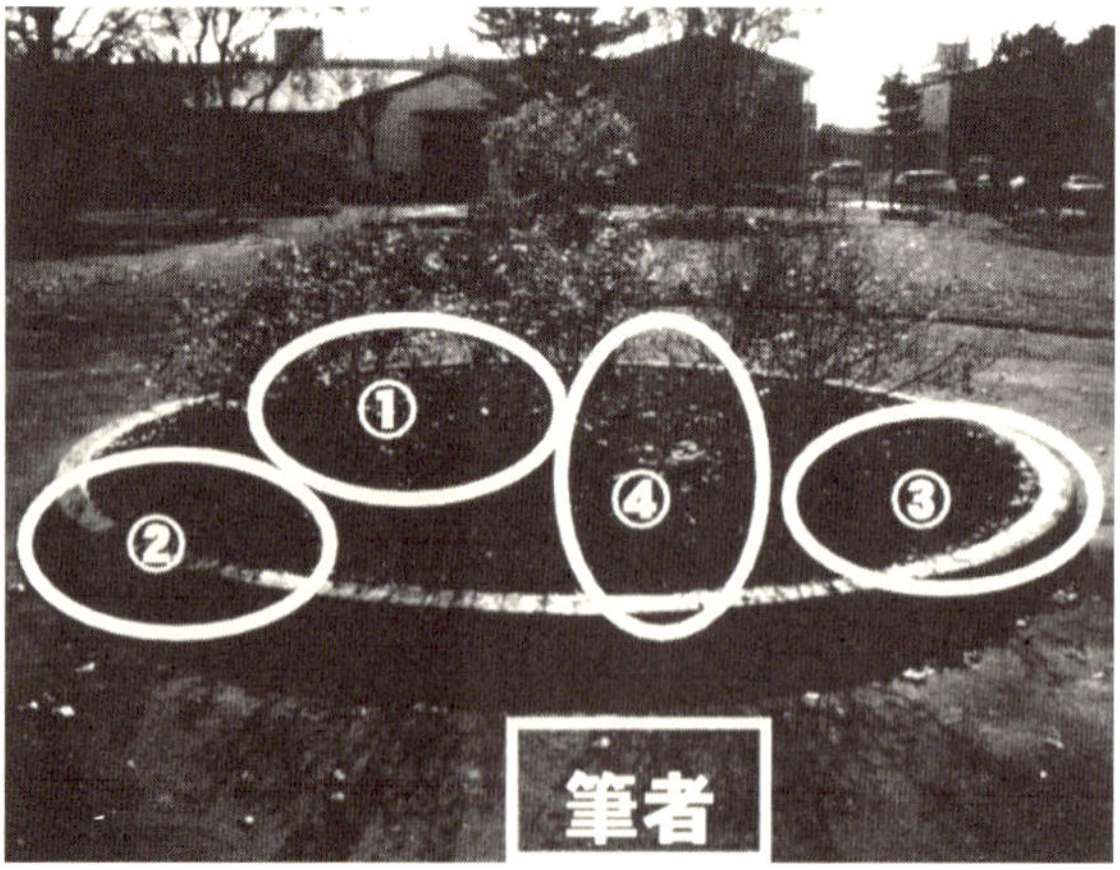

図4-3　砂場における園児たちの当時の位置関係

図4-3の画像は，2003年現在の砂場の姿である。ご覧の通り，砂場は縁一杯まで黒土で埋められ，誰も立ち入れないように種々の小木が何本も植えられている。この公園のある町の老人会のメンバーによると，砂場に猫が糞をして困るという苦情が相次ぎ，老人会のメンバーが様々な策を講じたが，結局，猫の糞による被害はなくならなかったために，2003年から木々を植えたということであった。この地域の公立公園内の砂場は猫の糞を原因とする苦情のために，次々と消え去る一方である。たしかに画像のように，小木が植えられてはいるが，この公園は砂場が取り壊されてはいない珍しいケースであった。

スの男児数名がいて、α組の男児がのべ2名参加していた。②のエリアでは、本章の記述の主要メンバーとも言えるSくん、Tくん、そしてJくん（全員がα組の男児）が白いプラスチック容器を用いて遊んでいた。③のエリアでは、Kくんをはじめとして、α組の男児たち5、6名が土を盛り上げたり、穴を掘るなどの作業を続けていた。この③のエリアにいた男児の大半は、同じ企業の社宅に住み、降園後も一緒に遊ぶメンバーだった。④のエリアには、奥側ではHくん一人が黙々と土で何かをつくっており、手前のほうではYくんが穴を掘ったりしていた。表4-2では、どのエリアで生じたやりとりなのか、どのエリアで話された音声なのかをできる限り明確にさせた。

表4-2のように、ビデオカメラが刻印した11時33分に生じた、一人の男児が泣くという行動の前後数分間を、機械的に30秒間ごとに区切って記述した。

表4-2 園児たちの言動

時間	場所				その他
	①	②	③	④	
11：27：00〜	α組の男児を一人含む、5人で黙々と穴を掘っている。		Kくん「もう許さねー」 Kくん「絶対（聞き取	Tくんが砂場に入って来た。砂場の中央部を歩いていく。高く積み上げられ固められた土の山などを踏んでしまう。 Hくん「ふんだー、あーふんだー」 Yくん「あー」 Hくん「ふんだー」	

11：27 ：00～			れず)、もう許さねー」	Mくんの背後で、Kくんが Tくんを蹴っているようにも見える。 Kくん「えー、Tくん、やってないよー」 Kくん「Tちゃーん。砂かけるよー」 Tくん「やだあ」	Mくんが滑り台について筆者に話しかけてくる。Mくんが画面一杯に映る。音声も、Mくんの声しか聞こえなくなる。
11：27 ：30～				Tくん「やだー砂かけないでー」 KくんがTくんに砂をかけている。 Tくん「やだー」 Kくん「じゃー（聴き取れず）出ていってー」 二人のすぐ側で、Yくんが「おー、おれ自分で踏んじゃった」と二人を茶化すような仕草をしている。 Yくん「ねえ、○○○	

11：27：30〜		Jくん、Tくん、Sくんの三人が砂場の縁に腰掛けている。 Sくん「Tちゃん、これこわさないでね」 Tくん「わかった」 Jくん「（聞き取れず）」	Kくん「ぼくたち、お家つくってるから一」（大声で） Kくん「Sちゃーん、Sちゃーん、ぼくたちお家つくってるから一」（大声で）	○くん、おれ自分で踏んじゃった（語尾上げる）」（注：○○○はKくんの正しい名前） Tくんが急に立ち上がる。	
11：28：00〜	Mくんが棒で土を跳ね上げている。	Sくん「ぼくねー、やり方知ってる。誰かにやり方、教えてあーげる」（立ちあがりながら） Sくんが白いプラスチック容器に土を詰め込みながら、Jくんと二人で笑顔で話している。 Tくんは、筆者をちらちら見ながら、笑いながら、靴を脱ぎ、次に靴下を脱ぎ始めた。 Tくん「おれ、裸足になる、裸足に」		Hくん「誰か砂かけた一」	
11：28：30〜		裸足になって嬉しそうな表情をしているTく			

11：28 ：30～		んの右手が、砂場の縁に置かれていた、白いプラスチック容器で形作られたプリンのような形に固められた土を潰してしまう。その瞬間、すまなそうな表情をするＴくん。 Ｔくん「あっ、つぶれちゃった。……ごめん、ごめんなさい」（小声で） Ｓくんが見にやって来た。Ｊくんは驚いた表情をしている。 Ｓくんは確認しただけで戻っていった。後ろ向きなので、表情はわからない。 Ｊくんが笑う。Ｔくんも一緒に笑った。 Ｔくん「はだしー、おれは裸足になったんだー」 Ｓくん「やったげる」 一心に土をプラスチック容器に詰め込もうとするＪくん。 Ｊくん「あれ」 Ｓくん「やったげる」	Ｋくん「裸足ダメー、○○○○ちゃん」（注：○○○○はＴくんの正しい名前）		？「あっ、○○○○ちゃん裸足だ」（注：○○○○はＴくんの正しい名前）

11：29 ：00～		Ｊくんは、Ｓくんにプラスチック容器を貸す。Ｓくんはその容器に土を詰め込んでいる。 Ｔくん「おれは裸足になったー、はだしー」 Ｋくんがやって来て、Ｔくんに靴下を履かせようとする。何度も靴下を履かせようとする。			？「あー」 ？「おらのー」 ？「そうじゃないよー」
11：29 ：30～		この間に、Ｔくんがプラスチック容器を手に入れる。 Ｊくん「これがプリン。これメニュー、メニュー。これはー」 Ｔくん「いやー」 Ｊくん「これが普通のプリン」		ＹくんがＴくんに土をかける。 ＹくんがＴくんに土をかける。	α組の女児が筆者のもとに来て、衣類を預かっておくように無言で促す。しかし、筆者はそれを地面に落としてしまい、「あーごめん」と謝る。
11：30 ：00～		Ｔくんがプラスチック容器に土を入れている。 Ｙくん「じゃあ、入れ			

11：30 ：00～		たげる」 Yくん「うー、うっうー」（大声で） YくんがTくんの足に土をかぶせる。 Tくんは笑っている。 Yくん「（聞き取れず）てー」 Jくん「固まりが（聞き取れず）」 Sくん「何でー」 Yくんが再び、高い声を発しながら、Tくんの足に土をかぶせる。 Tくんが右手でYくんの頭を押しやる。さらに左頬も押しやる。 Yくんは反撃する素振りを見せるが、行わなかった。 Yくんはそのまま土をかけ続けている。 Tくんは笑っている。	Kくん「ちょっとー、ちょっとSちゃん、これやまにしてー」（大声で）		
11：30 ：30～		Yくんは立ちあがりながら「Eちゃーん、聞いてー」Tちゃん「（聞き取れず）」	Hくん「○○○○○○ちゃんやめたんだって		

11：30 ：30～			ー」（注：○○○○○○はAちゃんのフルネーム）		
11：31 ：00～		Tくんは白いプラスチック容器を手にしている。そして、裸足のまま、砂場の外に出る。靴が取り残されている。	Yくんが突然立ち上がり「ねえ見せてー」		?「これ、おらの川だからー」 砂場の園児たちがざわざわと、砂場の外に出ていく。誰かが、「大当たり」と書かれた何かを拾った様子。口々に「見せてー」
11：31 ：30～					Yくん「ねえ見せてー」 砂場に戻ってきたYくんとNくんがビデオカメラのレンズに、土のついた手で触れようとする。触れてはいけないと注意する筆者との攻防戦が展開される。その間、砂場で何が生じているのかが見えない。
11：32 ：00～					Yくん「ねえ、ちょっと貸して」（甘えた声で） 筆者「ダメダメ」

11：32 ：00～					Ｙくん「んっんっんっ」 Ｙくん「Ｎくん、やめてー」（大声で） 筆者「土のついた手で触っちゃダメだー」 Ｙくん「ううん」 画面一杯に土だらけの手が映し出される。 筆者「うっそー」 二人はカメラから離れる。
11：32 ：30～		Ｔくんは先ほどまでいた砂場の縁に座っていた。隣に座っているＪくんは、不服そうな表情をしながら、Ｔくんが先の容器で遊ぶ姿を見ている。 Ｊくん「あと一回」 Ｊくん「だめー」 Ｔくんがプラスチック容器を動かしながら「これ、おれの（聞き取れず）」 Ｊくんが「だめー、だめー」と大声を出して、こちらを見る。 Ｓくんが小枝を持ちながら、Ｔくんの前へやって来た。	Ｋくん「ちょっとー、ここにもホテルあるのねー」（大声で）	Ｈくん「宮内センセー」	

11：33 ：00～		Jくん「いやー、まだー」 Sくん「ずるー、もうダメー」 Sくん「もう、よしなー（聞き取れず）」 Tくん「いやだ」（小声で） Sくんは、プラスチック容器を使い続けるTくんの目の前に左足を少し出した。 Tくんは突然立ち上がり、Sくんの両足太股を両手で強くつかんだ。 **Sくんは大きな声で泣き始めた。** Tくんが一瞬筆者の方を見た。 Kくんが走ってきて、Tくんの右脇腹辺りを	Kくん「Sちゃーん、Sちゃーん、ここにもホテルあるのねー」（大声で） Kくん「あっそうだー、町とかホテルとかつくろう」（大声で）		

11：33 ：00～		無言で右足で思いっ切り蹴る。			
11：33 ：30～		Nくんがやって来る。砂場の縁にあったプリンのかたちに固められた土を踏んでいる。それを踏み続けながら、Tくんの近くに座る。Kくんが Tくんの背中をもう一発蹴る。 Tくん「ごめんねー」 Sくん「許さない」 (泣きながら、大声で) KくんがTくんの背中を蹴り続ける。 「ごめんねー」と言いながら、TくんはSくんの頬を両手で挟む。 Sくん「許さない」 (泣きながら、大声で) KくんがTくんの背中を思いっ切り蹴る。 Tくん「ちょー、けんないでー」(大声で) Sくん「いたーい」 (泣きながら、大声で) Tくん「ごめんねー」			

11：33 ：30～		Nくんが走って、その場から立ち去る。 Kくん「Tちゃん、やり返しても良いんだよ」 Tくん「謝ってるんだよー」			
11：34 ：00～		Kくん「Tちゃん、やり返しても良いんだよ」（注：Tくんの名前を長くのばして発音しながら） Tくん「いやだよ」（小声で） Kくん「じゃあ、（聞き取れず）」（ずっと、Tくんの左肩を軽く蹴り続けながら） 女児が一人近寄ってくる。「どしたの」 この間、白いプラスチック容器は土の上に置かれたまま。 KくんがTくんを蹴り続ける。 Tくん「○○○○ちゃん、ごめんねー」と謝り続ける（注：○○○○はSくんのフルネー			

11：34 ：00～		ムが変形した呼称）。 Ｎくんが再び現れる。 Ｔくんは再び、Ｓくんの頬を両手で挟みながら、「ごめんねー」と謝る。 Ｔくん「○○○○ちゃん、ごめんね」（大声で）（注：○○○○はＳくんのフルネームが変形した呼称） 様々な園児たちが集まってくる。「どうしたの」			？「ねえ、どうしたの。○○○○ちゃん、どうしたの」（注：○○○○はＳくんのフルネームが変形した呼称） 筆者「二人でケンカしちゃったの」 ？「何やったのか聞かして」 筆者「ん」
11：34 ：30～		Ｏ先生がやって来る。 Ｏ先生「○○○怪獣ですか」（注：○○○はＳくんの名字） Ｔくん「○○○○ちゃんが、ぼくのつくった（聞き取れず）こわしたんだよ、○○○○ち			

11：34 ：30〜		ゃんが」（大声で）（注：○○○○はSくんのフルネームが変形した呼称） 右足でTくんを蹴り続けるKくん。 O先生「それで、○○○○ちゃんが怪獣になっちゃったの」（注：○○○○はSくんのフルネームが変形した呼称） Sくん「ちがうー、あのちょっと、触っただけなのにねー」 O先生「はい」 Sくん「（聞き取れず）Tちゃんがねー（聞き取れず）」 O先生「まだ痛いの」			
11：35 ：00〜		Tくん「ごめんねーって謝ってんのにー」 O先生「しんちゃん（聞き取れず）」 Tくん「ちゃんと謝ったのにねー、やだーって言ったんだよ」（大声で） Kくんは、Tくんの頭を後ろから両手で押し		後ろを振り向き、Kく	

11：35 ：00～		ている。 Ｓくんは白いプラスチック容器をすばやくつかみ取り、③へ移動した。	Ｓくんはもう泣いてはおらず、プラスチック容器で土を固めている。	ん「あーーーー」（大声で） 他のクラスの男子が何かを踏んだらしい。 Ｋくん「あーーーーーー」（大声で）	
11：35 ：30～		Ｔくんは０先生の隣で小さな声で話をしている。	Ｏ先生は、「いつまで泣いてるの。仲直りしたの、Ｓちゃん」と言いながら、Ｓくんのところに行った。		
11：36 ：00～		Ｔくん「○○○○ちゃんに『ごめんねー』と言ったのに、謝ってくれなかった」（注：○○○○はＳくんのフルネームが変形した呼称） Ｏ先生に促されて、Ｓくんはゆっくりと T くんの側へ行く。 Ｔくんは穴を掘り続けている。	Ｏ先生「Ｓちゃん、仲直りしたの？」 Ｏ先生「Ｔちゃんと話してごらん」		

11：36 ：30～		Sくん「あーーー」（③の方を見ながら）Tくんは S くんの方を見た。 Sくんは、Tくんのやや右後方に立ちながら、もじもじしている。Tシャツの裾を持ち上げて、お腹を丸出しにしながら、くねくねと身体を揺らしている。 Sくん「なに？（聞き取れず）」 Sくん「してないよー」 Tくん「したよー」 Sくん「ちがうよ。したのは、Kくんだよ」 Tくん「ちがうよ。Fちゃんだよ」 Sくん「ほんと？」 Tくん「Fちゃん（聞き取れず）」	Kくん「ぼくやってないよー」（大声で）		O先生は、女児たちに連れられて、砂場から離れていった。
11：37 ：00～					？「あたりー」 多くの園児たちが同じ様なトーンで話をしており、焦点化できなくて、聞き取れない。
11：37 ：30～		Tくん「○○○ちゃんがいじめたんだよーぼ	Kくん「ぼく、やってな」		

11：37：30～		くを」（大声で）（注：○○○はKくんの名字） Tくん「誰か―」	Kくん「ごめんね―、ごめんね―」 Sくんは、Tくんから離れて、プラスチック容器で遊ぶ。		

まず、筆者は録画された映像を見直して改めて驚いた。このわずか数分間にあまりにも多くのやりとりが生じていたからだ。小型ビデオカメラのレンズとは別に、肉眼でとらえていた〈出来事〉は前節で記した通りであるが、それはあまりにも単純化されているとともに、そして多くの行動がまるでざるの目から水がこぼれ落ちるように筆者の目と耳を通り過ぎていたことがわかる。表4-2の通り、記述の多いセルと記述の少ないセルが生じている。子どもたちの実際の行動に対する記述者自身の認知できる能力と記述する能力に委ねられる部分も大きいだろうが、各々の時間によって子どもたちの行動に「濃淡」があることも否定できない。園児たちの目立った動きがほとんどなく、穏やかに時間が過ぎていくとみなされる箇所もあれば、短時間のうちに様々な行動が一挙に飛び出してきて、事態が急展開する箇所もある。急展開するような場面において瞬時に情報を処理できる能力があれば、〈出来事〉の理解が可能なのかもしれないが、少なくとも筆者には不可能であった。録画された映像を改めて見ることによって、園児たちの間でいくつもの「トラブル」が並行して生じていることに驚かされる。その上、園児たちはその「トラブル」をやり過ごしており、他者を巻き込むような大きな問題には移行させてはいない。他者を巻き込むほどの規模のものは、Sくんが大泣きした件の「トラブル」である。

さて、表4-2をもとに、一人の男児はなぜ泣くに至ったのかという先ほどの問いに答えてみたい。直接的な契機は、TくんがSくんの両足をつかんだからということになろうか（表4-2、11：33：00-30②）。Tくんによる行為によって、Sくんは耐えられないほどの痛みを感じたからなのかもしれない。しかし、少なくともその場に居合わせた筆者にはTくんの行為がそれほどの痛みを与えたとは思えなかった。しかも、筆者のフィールドワークで積み重ねられた知識から、ある種の違和感を感じた。つまり、Sくんはクラスの男児の中ではリーダー的な存在の一人であった。一人っ子であるSくんは「甘えん坊」の側面もたしかにあるが、それは母親と一緒にいる家庭内に限られることであって、マリア幼稚園の世界では彼が泣くという場面は、筆者が知る限りあまり見られなかった。しかも、Tくんに対してやり返すこともせずに、このときのSくんはやられっぱなしで泣くのみであった。だから、筆者には非常に奇異に感じられたのだ。

それでは、Sくんが泣くに至る他の道筋があったのだろうか。この表4-2からは、もう一つの文脈があることが読み取れる。つまり、「白いプラスチック容器の争奪戦」という流れである。最初に、Sくんがプラスチック容器を持って遊んでいた。彼はその容器に土を詰めて、固めて置くといった遊びをしていた。しかし、途中でTくんがそれを手に入れて、Jくんにも Sくんにも渡さずに、一人で独占していた。このように、最初にプラスチック容器で遊んでいたSくんが、その執心していたモノをTくんに取られてしまい、きわめて不快な状態に置かれていたために、あるきっかけで「大泣き」したという解釈も可能であろう。この場合、その直後の場面との整合性がきわめて高い。つまり、Sくんはプラスチック容器を取り戻すと、すぐに泣きやんで、それで遊んでいるという場面である（表4-2、11：35：00-30③）。

このような「白いプラスチック容器の争奪戦」という、録音・録画されたデータを何度も繰り返し見聞きするプロセスの中で浮かび上がってきた一つの枠組みは、ある種の説得力を持つものであろう。しかし、Kくんが、いきなり飛び出してきて、Tくんを蹴るという行動まで説明できるものではない。そこには別種の枠組みが必要となろう。当日の砂場の中で展開されていた、「町づくり」とでも呼べるような共有された遊びにTくんは深く関与してはいないように見えるが、そのことに対して、Kくんはずっと我慢がならなかったという説明も可能かもしれない。また、Sくんに対するKくんの熱い友情の物語として語ることも可能かもしれない。先に述べたように、SくんとKくんは当時、同じ団地で生活していた。彼らの父親が同一の大企業に勤務しているので、その社宅である団地で暮らしていたのである。彼らはマリア幼稚園内でも一緒に遊んでいるが、朝から同じバスで一緒にマリア幼稚園に登園し、降園後も社宅の敷地内の広場か互いの自宅に往き来して遊んでいた。この社宅に住む園児たちのグループのリーダー格がSくんであった。Kくんはマリア幼稚園の遊びに評価されたがっているように、フィールドワーク全体を通して筆者には見えた。このようなフィールドワークの経験を通して得られた知識からは、KくんはSくんを泣かせたTくんに仕返しをした、あるいは仇を取ったという説明が導き出されるかもしれない。だが、Tくんが裸足になったときにいち早く飛んできて、靴下を一生懸命に履かせようとしていたのは、まぎれもなくKくんであった。

本節では丹念に映像を見ていったが、砂場で生じていたやりとりはあまりにも多彩で複雑であり、表4-2のみからは、少なくとも万人が納得できるような説明が出そうにはないようである。結局は、筆者による一年間のフィールドワークで得られた知識に基づいた説明が顔を見せてしまう。さらに、その知識によって導き出されたいくつもの説明も、理解可能な一つのストーリーとしては結実せずに、細かな断片の説明が並行して立ち並びながら、折り重なり続けるといった状況が続くように思われる。

男児の母親の語りから浮かび上がってきた〈出来事〉

前節では、録画されたデータをもとに筆者が作成した表4-2から、Sくんが泣くに至った説明を試みた。だが、正確には、表4-2のみからの説明ではない。筆者によるマリア幼稚園での一年間のフィールドワークから得られた様々な知識を交えながら、いくつかの解釈を行なうことによって、妥当な説明を探したに過ぎない。この部分に、録画されたデータが日常的に用いられる近年における一つの問題が姿を現わしている。録画されたデータのみの分析によって〈出来事〉の説明は可能かという問いである。(8) 昨今、日本国内でもエスノメソドロジー・会話分析は浸透し、きわめて特殊な変わった方法であるといった不理解に基づく蔑視はほとんど消えたと言えるだろう。しかも、社会学の中の「異教徒」的な扱いの時代を経て、今日では社会学のみならず、心理学・教育学・工学・法学等の様々な領域で認知されるに至った。このことによって、録音されたデータもしくは録画されたデータをエスノメソドロジーという視角に基づき分析するといった研究スタイルが急速に広まった（心理学領域の生態学的なアプローチの分野では以前よりポピュラーではあったが）。だが憂慮すべきは、これらの録音・録画されたデータをただマニュアル通りにエスノメソドロジー風に分析すれば、「一本の論文」になるといった安易な態度も一部に見られることである。しかも、データの採集された時期と場所が特定されないものまでたまに見られる（確かに目的が異なる側面もあろうが）。データが採集された時期と場所、つまりはそのデータの文脈が理解されてはいないにもかかわらず、録音された音声・録画された行動の説明が果たして可能なのであろうか。データの「内部」に限った分析に、「外部」の視点を持ち込むべきではないという立場もあることだろう。この場合の「内部」とは何か。「外部」とは何か。果たして、その境界線は明確に存在するのだろうか(9)。

件の〈出来事〉の場合を考えてみたい。泣いた男児は、11時27分から11時37分の間のみ生きていたわけではない。それ以前に、母体から誕生してから、さらには受精してから１９９５年10月25日11時27分に至るまでの数年間が確かに存在する。そして、11時37分以降も、この世界で生活している。今日に至るまで、途中、親の転勤によって日本国を離れることがあったが、生活はまさに〈いま〉も続いている。少なくとも、１９９５年10月25日においても、11時27分以前の何らかの要因が、Ｓくんの大泣きに関与している可能性は否定できはしない。しかし、録音・録画されたデータに基づく分析は、そのような可能性を捨象せざるを得ない。非常に限定された情報、つまり記録された音声と映像でもって臨むしかないのである。私たちは以上のことを十分に理解している。筆者の場合は、偶然に件の〈出来事〉の前に生じていたことを聞く機会があった。逆に、その貴重な機会によって、さらに悩まされることになったとともに、本章を書く契機となったわけである。

具体的に述べると、筆者は上記の通り、マリア幼稚園に一年間の間、補助教員の役割も担いながらお邪魔させていただいた。特に、〝生え抜き〟のα組に通園させていただいた(10)。一年間の経験から、園児たちの名前を覚えるのはもちろんのこと、互いの行動の特徴もある程度は理解し合えたように思える。それのみならず、実際に各々のご家庭にお邪魔させていただき、園児の母親に対して聞き取り調査も行なった（宮内二〇〇三）。調査拒否は1人もなかったので、26人全員にうかがうことができた（α組には一組の一卵性双生児がいた）。基本的には、それぞれのご家庭にお邪魔させていただいた上で、筆者と一対一の面接調査というスタイルで行なった。お一人お一人の了承を得た上で、筆者とのやり取りはテープレコーダーに録音させていただいた（1人のみ拒否）。当初はお一人に対しておよそ1時間という前提で調査は行なわれたが、予定の時間を大幅に超える場合が多く、4時間を超える場合もあった。面接調査場面においては、子どものいじめや問題行動・子どもの身体の発達にまつわる問題・母親自身の夫婦関係に関する相談を受けることが少なくなかったが、そのことが予定の時間を大幅に超えた主な理由であるとともに、面接調査場面における雰囲気や調査者と被調査者の関係性についての判断材料を提供することになるのかもしれない。先にも述べたが、SくんとKくんが同じ団地で生活しており、降園後も仲良く遊んでいることや、その遊んでいる様子等も、この調査で知り得たし、実際に肉眼で確認することができた（筆者の肉眼が信頼できるか否かは別問題であるが）。

Sくんの母親は、マリア幼稚園の「保護者の会」の役員であった。だから、マリア幼稚園の行事の際には必ずスタッフとして参加されていた。筆者の幼稚園生活における保護者との会話では、Sくんの母親と話す機会がもっとも多かった。非常に社交的・外向的で、好奇心が強いように筆者には感じられたが、そのような志向性ゆえからか、筆者のフィールドワーク時には、幼稚園の中でもよく声をかけてくださった。Sくんの母親は3年間も役員を務められていたので、マリア幼稚園のいわゆる「事情通（the wise）」（Goffman 1963）と呼ぶに相応しい存在であった。筆者にとって、Sくんの母親は、文化人類学の領域で言われる、まさに「インフォーマント（informant）」、しかも重要なインフォーマントであった。そのSくんの母親によると、件の〈出来事〉の当日、Sくんは朝から熱っぽくて、かなりぐずっていたらしい。しかも、幼稚園にあまり行きたがらなかったという。つまり、Sくんは当日の朝から体調が悪く、気分が晴れずに、泣きたいような要因に満ち溢れていたとも説明できる。件の〈出来事〉の当事者がこの世に生まれた瞬間から（いや、それ以前からも）ずっと寄り添い続け、この当事者を見守り続けた一人の女性のことばは重みを持っている。他のいくつもの説明が吹き飛んでしまうかのような決定的な説明であるように思える。

さらに、それらを後押しするかのような〈出来事〉が後に生じている。表4-2で記述した後の11時47分にSくんは再び泣いているのである。Sくんが再び当事者となって、同じ社宅に住んでいるα組の男児（表4-2では登場してはいない）との間に「トラブル」が発生していたのである。このような経過を見ていくと、ますます母親の語りから生まれた説明は説得力を増す。しかし、件の〈出来事〉の説明として決定してしまうには、いまだとまどいがある。

おわりに

フィールドワークにおいて、これまで問題とされてきたものの一つは、いわゆる「羅生門問題」と呼ばれてきた問題、より正確に述べるならば、芥川龍之介によって短編小説「藪の中」で提起された、「藪の中問題」と呼ぶほうが相応しい問題である。[11]すなわち、ある〈出来事〉を当事者も含めた人たちが語る。しかし、各々の説明は異なっていた。共通の一つの〈出来事〉であるにもかかわらず、その〈出来事〉に対する各々の説明は異なっているという状況を表現したのが、「藪の中」である。この際、私たちは誰を、何を信用すればよいのだろうか。そして、私たちはどのような説明をすればよいのだろうか。映画『羅生門』において、黒澤明監督は彼なりの解答を示したが（解釈は分かれようが）、フィールドに佇む私たちはいったいどうすればよいのだろうか。実際に私たちは、この問題に対する明確な解答を正面から提示することはなくても、様々な可能性を示しながら、論文や著書や報告書といったかたちで一定の解答を示し続けている。

本章では、一人の男児に焦点を絞って、〈出来事〉の認識と説明の問題について述べた。つまり、ビデオカメラの普及によって、私たちは現在、容易に録音もしくは録画されたデータを入手できる環境にあることが多い。何度も繰り返し再生することによって、肉眼等では見逃していた行動を後から発見することができるようになったり、肉眼等ではとらえることができなかったきわめて微細な行動も観察が可能になった。このように非常に便利になった反面、新たな問題を抱えることにもなったのではないだろうか。つまり、私たちはかつては肉眼等によって、ある〈出来事〉をとらえてきたが、ビデオカメラを携えた私たちは録画された映像を何度も何度も繰り返し見ることによって、〈出来事〉が私たちの中で変容していくという体験をし始めたのではないだろうか。当然のことながら、記録された映像そのものが勝手に組み変わっていくことはない（変色等はあるだろうが）。しかし、見ている私たちの枠組みが映像の読み込みによって変容を重ねていくうちに、〈出来事〉も揺らぎ始めるのである。さらには、記録された映像のみならず、長期間のフィールドワークによって蓄積された体験と経験によって、〈出来事〉は何度も揺らぎ続けるのかもしれない。

私たちは、フィールドにおいて、「藪の中」に放り込まれて呆然としている場合ではない。私たち一人ひとりも、記録されたデータを媒介にして、フィールドワークと音声・映像の分析の経験の深さと長さによって、新たな「藪の中」を抱え込むことになったのである。

つまり、ビデオカメラ普及によって、新たな問題が出現したわけである。録音・録画されたデータを何度も繰り返し見ることによって生じる一個人の中の解釈のズレ、これらのデータを倍速やスローモーションや逆回転で見たりすることによる発見から生じる一個人の中の解釈のズレ、これらのデータに対してフィールドワークで得られた知見から生じる一個人の中の解釈のズレといった、一個人の中の解釈の問題である。これは、既存の「羅生門問題」のような他者との認識の競合の問題とは別種の問題であろう。記録されたデータが持ち込んだ〈一個人の中の超時間的な「藪の中」〉とでも呼べばよいのだろうか。たしかに録音・録画機器は、私たち研究者にとって研究活動を進めていく上で、きわめて重要な役割を果たしている。だが、非常に便利になったと同時に、別種の新たな問題も抱え込むことになってしまったようである。本章の冒頭で引用した佐藤郁哉氏は、カメラについて以下のように戒めてもいる。

「カメラに限らず、フィールドに機械を持ち込む時におきやすい最大の誤解は、次のようなものです――〈機械を使えば人間の主観的解釈が入り込む余地が少なくなり、人間の不確かな知覚や記憶の歪みからも自由になり、したがって「客観的な情報」が手に入る〉」（佐藤一九九二、二一四頁）

私たちは、機械を手にすることによって、どうやら自由にはならなかったようである。逆に、ますます霧深い「藪の中」に迷い込む結果となったのかもしれない。一個人の中にも、いくつもの「主観的な解釈」が林立している。このような場合に、私たちは、いかにして、どの解釈を選ぶのか。その際に決定的な要因となるのは何なのか。もはや私たちは〈出来事〉を語ることはできないのであろうか。

本章を終えるにあたり、この問題群は、保育現場の日常生活における問題と連なっていることを付け加えておきたい。本章は、「フィールドワーク」という特殊な領域における理論的な問題のみには終わらない。表4-2において、Sくんが大泣きする前に、YくんとNくんが土の付いた汚れた手で、筆者のビデオカメラのレンズを触ろうとしていたことが述べられている（表4-2、11時31分からのおよそ1分間）。このように、保育現場における保育者は常にのんびりとは構えてはいられない（四六時中はビデオカメラは持っていないにせよ）。常にと言ってもよいほど、子どもたちからの働きかけを受け続けている。一、二人の子どもに意識を集中し続けることは（保育環境にもよるだろうが）かなり困難であろう。ゆえに、何かが生じた際に、見間違いや誤解が生じやすいということになりはしないだろうか。少なくとも、そのような環境にある保育者は多いのではないだろうか。仮にそうだとすると、保育現場で生じた〈出来事〉を理解した上に、その原因を説明するという行為はきわめて難しいのではないだろうか。しかも、子どもたちの親に〈出来事〉を説明せざるを得ない状況になった際に、「正しい説明」を行なうことは果たして可能だろうか。[12] 常に誤解をする危険性がつきまとっていると考えておいたほうがよいのではないか。本章でなされた問題提起は、フィールドワーカーのみに限定される特殊な問題ではない。たしかに教育・保育実践者とフィールドワーカーを一緒くたに論じることは乱暴ではあろうが、〈出来事〉の説明の妥当性の問題は、保育現場の保育実践者にも毎日のように突きつけられた問題であるとも言えるだろう。さらには、法化社会へと進行しているようにも見受けられる日本社会において、〈出来事〉の説明は今後ますます重要性を増すことが予想されるとともに、私たちの社会生活、さらには人生をも左右するきわめて切実な問題に膨れあがっていく可能性も持っている。


【付記】

本章は、一九九四～一九九六年度および一九九八～二〇〇〇年度文部省科学研究費補助金・特別研究員奨励費による研究成果の一部である。幼稚園を中心としたいくつものフィールドワークを可能にさせてくださった日本学術振興会に感謝致します。

そして何よりも、筆者を受け入れてくださった当時のマリア幼稚園の皆様方に心より感謝申し上げます。

また本章は、一九九九年一月二三日午後に北海道大学教育学部附属乳幼児発達臨床センター（現・北海道大学大学院教育学研究科附属乳幼児発達臨床センター）で開かれた第2回相互行為分析研究会で報告した内容をもとにしている。その際の報告内容は、どこにも投稿せずに、その後ずっと心中で暖め続け、ふさわしいと思われる発表メディアを探し求め続けていた。その数年後に『質的心理学研究』が誕生し、しかも「フィールドワーク特集」という、もっともふさわしい発表の場を得られたことを心から感謝したい。原稿にも、「幸福な出会い」があるものと信じている。

[注]
（1）本章は、二〇〇四年四月に新曜社から発行された『質的心理学研究』第三号に掲載された採択論文「〈出来事〉の生成―幼児同士の『トラブル』に見る説明の妥当性について」（一八-四八頁）に若干の修正を加えたものである。本書への転載を認めてくださった日本質的心理学会ならびに新曜社の皆様には心より感謝申し上げます。
（2）ただし、いつでも、どこでも録音と録画が可能というわけではない。「対象」とされる人たちの了承が得られなければ、カメラの持ち込みが許されないことは言うまでもない。だが、たとえ了承が得られたとしても、カメラの参入によって、フィールドに混乱を生じさせることもあることに注意したい。詳しくは、宮崎（二〇〇一）などを参照のこと。また、撮影の了解が得られて、撮影が順調に進んでいても、研究上においてもっとも重要な場面が録画できるわけでもない（たとえば、Jordan 1993）。

(3) このデータは、筆者が独自に行なった北海道における調査によって得られたものである。この調査から、調査当時は「ニューカマー」の園児を中心に、途中入園・退園が頻繁で、月ごとにおいても外国籍園児の在籍者数が増減していることがわかった(宮内一九九七)。『学校基本調査報告書』で確定されている数値の背後には、数値としては現われてこない様々な動向があることが推測できる。

(4) 石黒は、三脚で固定して撮影することの利点として、①場面全体を撮ることができること、②次第にカメラへの注目を弱めることができることを挙げている(石黒二〇〇一、一六―一七頁)。

(5) マリア幼稚園の一日の生活に関しての詳細は、宮内(一九九八b)を参照していただきたい。補足すれば、日本国内のすべての幼稚園が同一のタイムスケジュールで動いているわけではない。できれば、宮内(一九九九)と比較していただきたい。

(6) 好井(一九九九)、さらに山田・好井(一九九八)など。

(7) 多くの研究者が指摘するように、「完全なトランスクリプト」の作成は不可能である。だからといって、分析者による恣意的な削除などという行為は許されるべきことではないだろう。この点に関しては、一つの事例をもとに、好井論文(一九九四)では興味深い論が展開されている。

(8) 本章では少し触れるにとどめておくが、ここにはいくつかの重要な問題が隠れている。撮影者(もしくは、その現場にいた調査者)と分析者が同一人物であるか否かという問題、そして分析者は何者であるのかという問題である。前者に関しては、たとえば石黒氏は、その現場にいたことによって、「その場にいなかった者には理解できないようなビデオの中の発話の意味も理解できることがある」一方で、「視聴覚データを冷静に『読み込む』ことをできなくさせるという危険性」も同時に指摘している(石黒二〇〇一、四頁)。後者の問題に関しては、これまでは分析者が研究者以外の何者でもないという前提で論が進行することが多かったが、「実践者」と「研究者」というポジションが別個の独立した人格である時代は終焉を迎えた。大学及び大学院における社会人入学制度の普及によって、「実践者」であり、かつ「研究者」であるという人たちは増えている。このような人たちにおいては、かつての「実践者」と「研究者」の対立の構図が、個人の内部で心理的な葛藤として抱え込まれているのかもしれない。

(9) 好井論文(一九九四)では、「螺旋運動としてのエスノメソドロジー」という魅力的なフレーズのもとに、この問題における解決への一つの道筋が示されている。

(10) 正確に述べると、このフィールドワーク以前に、北海道における外国籍園児が在籍していた幼稚園への調査の際に、マリア幼稚園にはお邪魔しており、その場でα組の園児たちの一部にはすでに出会っている。

(11) 黒澤明監督による映画『羅生門』(一九五〇年)に言及しながら「羅生門問題」を論じたものとして、池宮(一九九三)、浜(一九九五)、やまだ(一九九六)などがある。なお、筆者は、映画『羅生門』ではなく、同じく「藪の中」を原作とした映画『MISTY』(三枝健起監督、一九九七年)を用いながら、講義等でいわゆる「羅生門問題」について論じてきた。例えば、琉球大学教育学部においては「『藪の中』からの抜け出し方」というテーマで集中講義を行なわせていただいたことがある。この「羅生門問題」、「藪の中問題」に関しては数編の別稿を準備している。

(12) 筆者が実施した日本国内の各幼稚園での聴き取り調査の結果によると、幼稚園教諭たちがストレスとして認識しているのは子どもたちとの関係ではなく、保護者たちとの関係が大半であった。たとえば、園内で生じた園児同士の「トラブル」をどのように当該園児の保護者に説明すれば良いのかに関して悩んでおられた。このことに関しては、稚内市幼児教育研究協議会保育研修部会講演会において「幼児教育の現場における〈おとな-子ども〉と〈おとな-おとな〉をめぐる問題について」と題して、お話しさせていただいたことがある。

[文献]

池宮正才 一九九三「それぞれの「現実」—行為の理解と社会的現実」、山中速人(編)『ビデオで社会学しませんか』有斐閣、三七-五六頁

石黒広昭 二〇〇一「フィールドリサーチにおけるAV機器—ビデオを持ってフィールドに行く前に」、石黒広昭(編)『AV機器をもってフィールドへ』新曜社、一-二五頁

佐藤郁哉 一九九二『フィールドワーク』新曜社

浜日出夫 一九九五「エスノメソドロジーと『羅生門問題』」、『社会学ジャーナル』(筑波大学社会学研究室)第二〇号、一〇三-一一二頁

箕浦康子 一九九九「フィールドワークの基礎的スキル」、箕浦康子(編)『フィールドワークの技法と実際』ミネルヴァ書房、二一-四〇頁

宮内洋 一九九七「外国籍園児が在籍する北海道の幼稚園」、『季刊子ども学』一七号、ベネッセコーポレーション、一一六-一

二三頁
宮内洋　一九九八a「外国籍園児のカテゴリー化実践」、山田富秋・好井裕明（編）『エスノメソドロジーの想像力』せりか書房、一八七―二〇二頁
宮内洋　一九九八b「「韓国・朝鮮」籍の子どもが通う日本の幼稚園―エスノグラフィー的記述におけるひとつの試みとして」志水宏吉（編）『教育のエスノグラフィー』嵯峨野書院、一五七―一七一頁
宮内洋　一九九九「沖縄県離島部における幼稚園生活のエスノグラフィー的覚え書き」、『北海道大学教育学部紀要』七八号、一一一―一四六頁（後に、『心理学の新しい表現法に関する論文集』第八号に再録）
宮内洋　二〇〇三「子どもたちはマリア幼稚園で何を学んだのか？―マリア幼稚園母親調査をもとに」、『札幌国際大学紀要』三四号、一四五―一五三頁
宮崎清孝　二〇〇一「AV機器が研究者によって実践に持ち込まれるという出来事―研究者の異物性」、石黒広昭（編）『AV機器をもってフィールドへ』新曜社、四七―七三頁
好井裕明　一九九四「螺旋運動としてのエスノメソドロジー」、『社会情報』（札幌学院大学社会情報学部）第三巻第二号、九一―一〇三頁
好井裕明　一九九九『批判的エスノメソドロジーの語り』新曜社
山田富秋・好井裕明（編）　一九九八『エスノメソドロジーの想像力』せりか書房
やまだようこ　一九九六「映画『羅生門』にみる証言の場の多重性―当事者・目撃者・傍観者の語り」、菅原郁夫・佐藤達哉（編）『現代のエスプリ―目撃者の証言：法律学と心理学の架け橋』至文堂、一八八―一九四頁
Goffman, E., 1963, *Stigma:Notes on the Management of Spoiled Identity.* Prentice-Hall, Inc.（石黒毅（訳）一九八七『スティグマの社会学―烙印を押されたアイデンティティ』せりか書房）
Jordan, B., 1993, *Birth in four cultures: A crosscultural investigation of children in Yucatan, Holland, Sweden, and the United States.* Waveland Press.（宮崎清孝・滝沢美津子（訳）二〇〇一『助産の文化人類学』日本看護協会出版会）
Smith, D., 1978, "K is mentally ill: The Anatomy of a Factual Account". *Sociology,* 12, Vol. 1, 23–53.（山田富秋・好井裕明・山崎敬一（編訳）一九八七「Kは精神病だ―事実報告のアナトミー」、『エスノメソドロジー』せりか書房、八一―一五三頁）

Side Story

サイドストーリー④

無欲の厚い記述

二〇〇四年秋、私は臨床心理学を専攻する大学3年生と4年生のゼミを担当していた（正確に述べると、二人のみ社会心理学専攻）。二〇〇四年一一月一九日一五時というあまりにも早い締め切りに向けて、4年生の学生たちは卒業論文に没頭していた。3年次から計画的に卒業論文を進めていき、4年次になるとすぐに卒業論文を書き続け、すでに完成間際だった人もいれば、卒業論文から逃避しようとしても頭から離れずにずっと頭痛の種になっていた「野郎ども」もいて、その進展は様々だった。3年生のゼミ生たちも、冬の研究発表会に向けて、自らの卒業論文のテーマ探しに頭を悩ませていた。そして、私のもとには他のゼミ生も含めて、テーマの相談ごとが持ち込まれていた。私のメールアドレスを知っている宮内洋ゼミのメンバーからは、相談や不安の吐露がメールで次々に寄せられる。いきなり携帯電話にかけてくるようなメンバーは一人もいない。携帯電話にかけてくるのは、緊急の用件か、4年生が就職の内定をもらった際の朗報くらいだ。

3年生のメンバーにはすでに卒業論文に向かって走り始めたメンバーもいた。二〇〇四年度の場合は一人や二人ではなかった。その中の一人のMさんは、自ら地元の施設と連絡を取り、一か月しかない短い夏休みに実家に帰省した折に、その施設にお邪魔させていただくことができた。Mさんからは施設に行くことを聞いていた。そして、「何でもかんでも見聞きしておいで」と励まして送り出した。そのときの私は、自らの経験から、「施設見学」だと見なしていた。施設側がよく受け容れてくれたと驚いてさえいた。昨今の予算削減によるマンパワーの不足のため、より一層忙しくなっている施設で、卒業論文のためにお邪魔したいと一学生がわずか一度のお願いでは断られるのがオチであろうし、たとえ了承していただけたとしても数時間ほどの見学が許され、その日の業務の状況次第では職員の方から少しの説明くらいはなされるかもしれないと思っていた。そして、いまその認識を改め、反省している。私は施設にお邪魔するのに非常に苦労してきたので、その体験から、物事を予測していたのだ。

夏休み期間中に、Mさんからメールが届いた。

内容の概略は以下の通りだった。施設の見学は三日間であること。初日は無事に終わったこと。ただその場で邪魔にならないように見るだけのつもりであったけれど、施設側が丁寧にスケジュールをすでに組んでくださっていたこと。職員の方と施設をまわりながら二時間もお話ししたこと。そして、その場で生活している方と一時間ほどお話ししたこと。明日は、その施設の責任者が二時間も時間をとってくださっていることであった。そして、明日何を話せばよいのか、二時間もどうすればよいのかわからなくて、とても困っているといった内容だった。

　このメールを読み、私はかなり驚いた。Mさん自身も戸惑っていたことだろうが、私の体験では、到底予測できないような状況になっていたからだった。時のめぐり合わせ、場の違い、施設のある地域性、かのじょ自身の人懐っこい持ち味（俗に言うところの「キャラ」）など、いくつもの要素が絡み合った末の結果であろう。

　慌てて返した私の返答は以下の通りだ。

・とにかく、今日一日に見たこと、聞いたことで不思議に思ったこと、疑問に感じたことを書き出しておくこと。

・その責任者の方にお会いしたときには、相手が話されることを一生懸命に聞いて、メモすること。

・わざわざお時間をつくってお話ししてくださることに対して感謝の気持ちを忘れないこと。

・お話をうかがっているときに、わからないことばや意味がとれないことがあれば、恥ずかしがらないで、その場ですぐに尋ねること。それでもわからないときはもう一度尋ねてみて、わからないままにはしないこと。いい加減にしてしまうことはとても失礼なことだ。

・時間があれば、お話をうかがったことをその場で自分のことばでまとめてみて、誤解や間違いがないようにもう一度確認してみること。

・質問を促された場合は、昨日まとめた不思議に思ったことや疑問に感じたことを正直にぶつけてみること。

　このようなことをMさんにはアドバイスしたように覚えている。

　夏休み直前には、このようなことも話していた。

・まずノートを購入するか、家にあるノートを使って、施設に行った日の日記を書くこと。

・その日記は詳しく、詳しく書くこと。見たこと、聞いたことはできる限り、何でも書くこと。

・「こんなことを書いてしまうと読まれたら恥ずかしい」などと考えないこと。これは日記なのだから。

　さて、夏休みが明け、Mさんが読んでほしいと持ってきたノートに目を通して、素直に私は驚いた。かわいいキャラクターが表紙になっているピンク色のノートの中に手書きでびっしりと詳細に書かれたその内容に魅了されたのだ。「フィールドノート」もしくは「フィールドノーツ」ということばが存在することを知らないMさんだが、そのノートは立派な「フィールドノーツ」であった。しかも、話をしていた際に、誰がどこに座っていたかなどを図示するなど、私自身のフィールドノーツによく似ていた。

　かのじょは当時、心理学科臨床心理専攻の3年生の学生だった。フィールドワークに関する科目は一つも履修していなかった。だから、フィールドノーツの書き方などについてはまったく知らないと言ってよい。私のフィールドノーツを見たということもない。私自身はフィールドノーツをこれまで一緒に生活している連れ合い以外には、誰にも見せたことがないからだ。方法論に関しての講義を受けたとすると、私が心理学科創設以来ずっと担当させていただいていた「心理学基礎実験ⅠおよびⅡ」においての実験の方法論くらいだろうか。かのじょが入学して以来、ほぼずっとアドバイザーであったので、履修科目は把握していた。

　本書の第一章で私自身の人生最初の聞き取り調査について述べているが、何も知らない方が良いのではないかと思えることがある。知らないから一生懸命に聞く。知らないから一生懸命に見る。やり方はわからないけれども、一生懸命に記述する。どうしてよいのかわからなくて悩む。自分なりの工夫をする。フィールドワークという営みは、そのように非常にシンプルなのではないか。システマティックな方法論を学習すれば、非常に洗練されたフィールドワークができるのかもしれないが、私としてはフィールドワークとは非常に泥臭い、いつまでたっても垢抜けない鈍くさい営みではないかと思う。その際、何も知らない方がよい場合があるように改めて思った。サイードによる「アマチュアリズム」*で理論武装をしてもいいかもしれない。自らの勉強不足を棚上げして、サイードの思想の裏に隠れることはあまり勧められたことではないかもしれないが、私にはこのことばの持つ重みがじんわりとだが、しっかりと感じられてきたようにも思える。

＊「アマチュアリズムとは、専門家のように利益や褒賞によって動かされるのではなく、愛好精神と抑えがたい興味によって衝き動かされ、より大きな俯瞰図を手に入れたり、境界や障害を乗り越えてさまざまなつながりをつけたり、また、特定の専門分野にしばられずに専門職という制限から自由になって観念や価値を追求することをいう」（E. W. サイード（著）大橋洋一（訳）一九九五『知識人とは何か』平凡社、一二〇頁）

第五章　フィールドワーカーと時間

フィールドへの参入。緊張。不安。畏怖。時間が経つにつれ、そのような感情もうすれていくのかもしれない。フィールドから抽出されたことばや場面の意味も変容していくことだろう。フィールドワークから、時間を捨象することはできない。

本章は、あるシンポジウムのフロアから出された質問から始まる。その質問とは、要約してしまうと、「フィールドワーカーに寿命はあるのか」というものだ。この質問に答えることを通して、本章ではフィールドワーカーと時間をめぐる問題について述べていく。

はじめに

まず、あるシンポジウムのやり取りから始めたい。

パネリストを務めさせていただいた私は、質疑応答時にフロアからこのような質問を頂戴した。

「社会学研究科の院生です。宮内先生が『堕落』という言葉を使われましたが、私は常日頃から、『フィールドワーカーの寿命』について考えています。今は私はＤ３になってしまいましたが、マスターの頃から長らく調査している団体では自分に対する扱いが変わっていることに気がつきました。最初から僕を知っている人は『若い兄ちゃんに話を聞かせてやろう』という態度なのですね。ところが僕が非常勤講師などになって曲がりにも《ママ》『先生』と呼ばれるようになってきた頃にはっきりと変わってきた。最初から僕を知っている人は『先生』と呼ぶんですが、やっぱり障害をもつ子どもの親って『先生』と呼ばれる人にアレルギーをもってますからちょっとちゃかして『センセー』なんですよね。でも新しく来た人はそんなこと知らないから『センセー』を『先生』と勘違いしちゃいます。そうなるともう『話を聞かせてやろう』ではなくて『子どもについての相談』にいつの間にかなっちゃってる。ひょっとしたら最初の頃よりいい話が聞けなくなっているのではないかと。調査と言うよりも面接をする気分になってしまう。どうやったらフィールドワーカーとしての寿命を延ばせるんでしょうか？　こんなにおもしろいことやめたくないのですが……寿命について意識をはっきりと持っている宮内先生にお聞きしたいのですが」（草山・宮内ほか二〇〇四、六七頁）

これは、二〇〇三年九月五日に立命館大学人間科学研究所で行なわれた一般公開シンポジウム「フィールドでの〈声〉をどのように聞くのか?——『加工』以前の現場研究覚え書き——」（日本心理学会第６回フィールド心理学研究会・立命館大学人間科学研究所公開研究会（学術フロンティア・コアプロジェクト研究会））での一コマである。

ここで言われているように、フィールドワーカーには果たして「寿命」はあるのだろうか。

この疑問に答える前に、心理学の領域で争われたパーソナリティに関する論争において、日本国内では非常に重要だと思われる一つの論文を紹介したい。その論文は、渡邊芳之・佐藤達哉両氏による「パーソナリティの一貫性をめぐる『視点』と『時間』の問題」である（渡邊・佐藤一九九三）。先の論争とは、いわゆる「人か状況か論争（person-situation debate）」もしくは「一貫性論争（consistency debate）」と呼ばれるものである。つまり、ハーツホーンとメイ（Hartshorne & May）による子どもの研究に対するオールポート（Allport）の批判を源とし、ミッシェル（Mischel 1968）の『Personality and assessment』という一冊の本によって急激に激化した、パーソナリティには「状況を超えた一貫性・通状況的一貫性（cross-situational consistency）」があるのか否かという論争である（詳細はKrahé 1992）。やや乱暴に言い換えれば、個人のパーソナリティは様々な状況を超えて、一貫しているのか否かという論争である。「行動に見られるパーソナリティの通状況的一貫性」がデータからはほとんど証明されない中（Bem & Allen 1974）、一方は状況によってパーソナリティが変化するなど考えられないと主張し、もう一方は様々な状況を超えてパーソナリティが一貫し続けるとは言い難いと主張していたのだ。しかし、ミッシェルによって客観的データから導き出された「パーソナリティの通状況的一貫性を否定する」という主張はあまり正しく理解されずに、ミッシェルが人間のパーソナリティそのものを否定していると誤解されたことが、この論争に火に油を注ぐ結果となった。この渡邊・佐藤論文では、ミッシェルの上記の主張を冷静に正しく理解した上で、その後の議論の整理を、観察者と被観察者における「視点」と「時間」という独自の観点から行ない、その観点から問題提起を行なっている。この問題提起は、フィールドワークに関しても、きわめて有益であると私は考えた。そこで、本書の最終章はこの渡邊・佐藤論文に沿いながら、進めていくこととしたい。さらに、「時間」の問題に関しては、この論文に沿いながらも、フィールドワーク固有の問題を付け足したい。そうすることによって、本章の冒頭部の質問に答える準備が整うのではないだろうか。

渡邊・佐藤論文における「視点」の問題

まず、視点に関してである。この渡邊・佐藤論文では、ある人物に対する観察者の視点によって区分している。つまり、①一人称視点、②二人称視点、③三人称視点という三つの視点に区分されている。「同じ人のパーソナリティも、どの視点から見るか（あるいは見られるか）によって大きく変る《ママ》し、通状況的一貫性認識の基盤となるデータの質も視点によって全く異なる」（渡邊・佐藤一九九三、二三一頁）とした上で、先の論争においてはこれらの視点が混在していると指摘している。

それでは、この論文における①から③までの各々の視点に関する記述に分け入ってみよう。

まず、①一人称視点についてである。つまり、〝自分自身が自分自身を見るということ〟についてである。この論文は通状況的一貫性との関係性を問うているので、この視点における問題とはアイデンティティ（自己同一性）の問題とされている。アイデンティティは「主観的には自己に関する記憶の連続性の認識によって保証され」、「観察以前の問題であり、それには客観的理由はない」と述べる（同論文、二三一頁）。さらには、「自分以外の誰が、自分についてどのようなデータを集め、分析したとしても、自分の自己同一性は究極的には自分にしか認識できないのであり、自分の自己同一性にとって他者の観察は無意味である」（同論文、二三一－二三二頁）とさえ述べられている。

次に、②二人称視点について見ていきたい。〝誰かが特定の他者を見るということ〟についてである。この論文では、この視点の特徴として「見る人（観察者）と見られる人（被観察者）との間に社会的・対人的な相互作用があることが多い」とされ、その上で「二人称的他者のパーソナリティに関する認識は、相手の運動的・言語的行動の経時的観察から、帰納法論理によって導かれた規則性の認識に基づいている」（同論文、二三二頁、ただし傍点は原文のまま）とされている。この観察者と被観察者との間に社会的相互作用があるということは、「観察者が被観察者の行動を観察していると、観察者の存在、観察者と被観察者との相互作用が被観察者の行動に大きく影響を与える可能性がある」（同論文、二三三頁）と指摘している。通状況的一貫性との関係で言えば、さらに一歩踏み込んで、「二人称的な視点からパーソナリティを見るときには、観察者と被観察者の社会的相互作用が通状況的一貫性の認識を擬似的に生み出していると考えることができる」（同論文、同頁）という鋭い指摘がなされている。

最後に、③三人称視点についてである。〝誰かが不特定多数の他者を見るということ〟についてである。二人称視点と比べると、「二人称視点では存在していた観察者と被観察者との相互作用も存在しない、あるいは非常に小さいため、見掛け上の通状況的一貫性も生じにくくなる」（同論文、一三三頁）と述べられている。さらに、「観察者と被観察者の相互作用は小さければ小さいほど客観的とされるため、観察者の存在が被観察者の行動を安定させることもない。したがって、被観察者の行動は状況の変化によってどんどん変化することが観察され、通状況的一貫性の存在は一向に確認されない」（同論文、一三三頁、ただし傍点は原文のまま）とされている。

以上が、当該論文における各々の三つの視点についての概要である。この渡邊・佐藤論文においては、パーソナリティの通状況的一貫性との観点から考察がなされているが、本章においてはフィールドワークとのかかわりの中で、上記の三つの視点についていま一度考えていきたい。

フィールドワークにおける「視点」の問題

これからは、フィールドワーカー自身の視点を基点とし、フィールドワークにおける時系列的に考察を進めていくことにしたい。本書第二章においては、「〝出会い〟以前の問題」と「〝出会い〟以降の問題」とに区分し、論を進めた。その流れに従えば、フィールドワークを実際に始める前の段階から述べていくことになろう。そのような時期においては、研究テーマや問題の選定で頭を悩ませることがあるかもしれない（それらは誰かに与えられて、頭を悩ます必要がまったくないかもしれないが）。その際には、前節の①一人称視点と深くかかわるのかもしれない。研究テーマを考えているうちに、自らと対峙し、自己にまつわる問題と格闘し始めるかもしれないからだ。

次に、研究テーマが決まり、大まかな問題が設定され、フィールドワークが始められたとする。先の〝出会い〟とは誰との出会いなのか。フィールドワークの一端は、「重要な特定の他者」に出会う道程であると言えるかもしれない。ならば、この「重要な特定の他者」に出会う前に、フィールドに佇むだけのフィールドワーカーは、前節の③三人称視点で見ているると言えるだろう。このような状況の中から、少しずつ他者を特定できるようになり、社会的相互作用を行ない始めることだろう。そうなるに従って、②二人称視点に移行していくのであろう。また、本書第四章で触れられたビデオカメラを用いた観察などにおいて、マジックミラーの背後に身を潜める「完全なる観察者」[1]は、この三人称視点で見ているとも言えるだろう。[2]

そして、先の「重要な特定の他者」に出会い、その人物に話をうかがいながら、互いの関係を深めていく。本書第三章で述べたように、いかなる段階を踏むかは、状況や文脈に委ねられる。一気に恋愛関係に移行する可能性もないとは言えないだろう。恋愛関係に移行するしないにかかわらず、これらはすべて、②二人称視点についてである。この区分に沿って言えば、この二人称視点がフィールドワーカーにとってはもっとも切実な問題を生み出す部分なのかもしれない。渡邊・佐藤論文に戻ると、前述の通り、「観察者の存在、観察者と被観察者との相互作用が被観察者の行動に大きく影響を与える可能性がある」（渡邊・佐藤 一九九三、一二三頁）という指摘は、フィールドワークを始めたばかりの人や、「研究対象者」を知らず知らずのうちにまるで「夏休みの観察日記用の朝顔」のように見なしてしまっている人にとっては恐怖そのものではないだろうか。当然のごとく、相手に対して何らかの影響をまったく与えないような相互作用はないであろう。そのような架空の状況を理想としながら、血の通った人間である誰かと関係を築こうとするという行為は、きわめて不自然で、不健康だと言わざるを得ない。フィールドワークにおいては、フィールドワーカーは「フィールド」とされる時空間に影響を与えることを前提として考えるべきであろう（例えば、宮内 一九九八など）。

ここまでの指摘ならば、多くのフィールドワーカーにとって、うろたえることはないかもしれない。前述の通り、渡邊・佐藤論文では驚愕の指摘が続けてなされている。「二人称的な視点からパーソナリティを見るときには、観察者と被観察者の社会的相互作用が通状況的一貫性の認識を擬似的に生み出していると考えることができる」（渡邊・佐藤 一九九三、一二三頁）というのだ。つまり、フィールドワークの文脈に即して言い換えれば、フィールドワーカーがある「重要な特定の他者」と出会い、互いのやり取りを積み重ねていく中で、フィールドワーカーとその人物とのやり取りそのものがその人物に影響を与え、さらにはフィールドワーカーがいる場面において、その人物の行動を規定している可能性があるというのである。特定の他者との関係の深まりは、これまでの社会調査やフィールドワークに関する教科書においては、大半の場合、「ラポール」の形成として、少なくとも称揚されてきた。しかし、渡邊・佐藤論文の指摘に従えば、「重要な特定の他者に対する行動規定」の問題として、姿形を変えて新たな姿を現わしたのである。

さらに付け加えれば、このような状況において、②二人称視点の問題のみが存在するわけではないだろう。①一人称視点についてであるが、フィールドワークにおいては、フィールドワーカーの自己洞察やリフレキシビティと密接にかかわる問題を抱えることだろう。この二人称視点が焦点化される状況においては、これらの関係について、フィールドワーカーが自身に対して苦悶することが少なくないように思われる。本書においても、私の「フィールドノーツ」の一部を示した。渡邊・佐藤論文においては、アイデンティティの問題のみに限定されているが、客観的な理由は存在せずに観察以前の問題だと述べられている。本書第二章で触れたように、アイデンティティに関しては、ゴフマンの戦略的なアイデンティティの考えを含み込むなど、より詳細な検討が必要だと思われる。前述の渡邊・佐藤論文における①一人称視点に関する記述には賛同し得ない部分が私にはあるが、客観的な理由が得られにくいという点に関しては同意する。このような状況における問題に関して言えば、自己理解と他者理解の問題と換言することもできるだろう。つまり、この一人称視点と二人称視点が合わせられた問題を、フィールドワーカーは抱えることとなる。他者理解は困難であるが、それのみならず、その理解しようとしている自らをも同時に理解することになる。フィールドワークのみに限らずに、このような同時的な他者理解と自己理解の進行が、理解そのものを困難にさせているのではないだろうか。

渡邊・佐藤論文における「時間」の問題

次に、時間の問題についてである。渡邊・佐藤論文では、「パーソナリティを見る時間」の問題とされ、前述の三つの人称的視点を用いながら、説明がなされている。

まず、「一人称的にパーソナリティを見る場合には、その対象は自分自身であり、記憶がある限り、生まれて以来のあらゆる情報が利用可能」（同論文、一二三六頁）だと述べられる。一方で、「二人称的・三人称的にパーソナリティを見る場合には、ある特定の時間における観察を基準にしなければならない」（同論文、一二三六頁）とされる。そうであるならば、以下のような問題を観察者は抱えることとなる。

「観察の基準にした時点以前のその人の行動や経験について観察者はほとんど知ることができない。時系列的に複数回の観察を行ったとしてもこの点に大きな変化はなく、最初の観察以前のことはわからないし、観察と観察の間のことも類推するしかない。特に質問紙法パーソナリティ・テスト等の場合、そのテストが行われた時点以外の時間でのその人の行動や経験に関する情報はないに等しいのである。」（同論文、一二三六頁）

これが、渡邊・佐藤論文において提起された「パーソナリティを見る時間」の問題である。本書第四章で提起されたフィールドワークにおける問題とも深くかかわっている。

少し言い換えれば、観察における限定された時間のアポリアと言えるかもしれない。私たちすべては他者を見る際に、その人物におけるすべてのあらゆる時間を見ることは不可能である。ゆえに、二人称的・三人称的に他者を見る際には、限られた時間内で見なければならないのである。そこからは誰もが逃れられることはない。

渡邊・佐藤論文では、一つの例が出されている。ある場面における複数の個人を観察した場合、客観的には「まったく同じ状況」に置かれている個人の行動が異なることがある。このときに、「こうした行動の個人差がなにを原因に生じているのかは観察データからは知ることができない」にもかかわらず、「素朴な観察者は多くの場合その原因を個人の内的要因に帰属する（基本的帰属錯誤）」（同論文、一二三六頁）というのである。つまり、腕に怪我をしている「私」に対して、Aくんは鞄を持ってくれたが、Bくんは持ってくれなかった場合、A君は「やさしい」けれどもB君は「やさしくない」から、そのような結果となったのだという論理であるとされる。そして、異なる状況においても、Aくんは持ち前の「やさしさ」から行動し、Bくんは他者に対して冷たく行動すると考えるのだ。しかし、現実はご存知の通り、それほど単純ではない。渡邊・佐藤論文においては、「私」とAくん・Bくんの両者とのそれぞれの社会的相互作用に基づき、先のような各々の行動の違いとして現われており、異なる状況においても両者が同様の行動をするか否かはわからないと述べられている。

一方で、このように内的要因としない立場の代表として、スキナー（Skiner）による行動分析理論が挙げられている。この理論においては、「一定状況、一定時点での行動の個人差を過去の学習の差から説明」（同論文、一二七頁）がなされるのだ。先の例を再び用いれば、鞄を持ってくれたAくんは鞄を持つという行為をこれまで「強化」され続け、同種の刺激が与えられたので反応をし、Bくんはそのような行為が「強化」されることなく学習されなかったので反応しなかったのだと、単純に説明することもできるだろう。

さて、渡邊・佐藤論文においては、タイムマシンが発明されるまでは、上記の原因を解明することはできないので、これら二つの考え方のうち、どちらが正しいということはできないと論じている（私はタイムマシンが完成しても、解明できないと考えるのだが）。そして、研究者の「理論的嗜好の問題」であるとさえ述べるのである。

フィールドワークにおける「時間」の問題

ここからは、前項の渡邊・佐藤論文における「時間」の問題を踏まえた上で、フィールドワークにおける「時間」の問題を考えていきたい。

前項の「観察における限定された時間のアポリア」という問題からは、フィールドワーカーは逃れられないことだろう。限られた時間から得られた情報を組み合わせながら、フィールドワーカーならずとも、私たちは他者だけではなく、他者をも含む現実を理解しようとしている。理解がままならない場合でも、かりそめの解釈を積み重ねながら、何とか生活している。前項におけるAくんとBくんの例に対する二つの説明とは、フィールドワークの文脈で読み替えれば、両者の行動の「解釈」ということになろう。この流れに沿えば、パーソナリティ心理学というフィールドにおいては、主には、先のような二つの解釈がなされていると述べることも可能であろう（そのような思いつきの解釈などではないと批判されてしまうかもしれないが）。渡邊・佐藤論文における先のエピソードに戻ろう。「私」に着目すれば、その解釈もややかたちを変えていく。「私」の属性（人種、国籍、性別、障碍の有無など）をいろいろと考えてみれば、AくんとBくんの行動の相違は、その特定の属性への反応の相違とも言えるかもしれない。「文化」という要因を考慮すると、そのような特定の属性への反応そのものが、各々の文化によって規定されているという説明もできよう。だが、一方で何もかもを文化に還元していくことには、私は疑問を持っている。渡邊・佐藤論文においては、「観察できない要因、すなわち『現存しえない状況要因』を、正当な論理的基盤なしに行為者の内部に放り込むということで観察における時間の問題を処理することが、パーソナリティ研究では一般的なのである」（同論文、一二七頁）と批判されているが、同様に何もかもを「文化」に放り込むという態度も戒められるべきであろう。要するに、自戒の念を込めて述べると、個人の「内的要因」や「文化」などを、何でも包含してしまうブラックボックスにしてはいけない。

さらに、フィールドワークにおける解釈には、各々のフィールドワーカーが依って立つ各々の理論が大きな影響を与えることだろう。渡邊・佐藤論文において、それらについては研究者の「理論的嗜好の問題」とまで述べられていたが、私は少しだけ意見を異にする。理論自体を嗜好物のように取っ替え引っ替えできるようなニュアンスには抵抗がある。フィールドワークにおける解釈もそうであろうが、解釈する主体のこれまでの体験と経験に密接に深くかかわっているのではないだろうか。そして、その依って立つ理論も、その主体の体験と経験に密接に深くかかわりながら、選び抜かれている／つくりあげられているのではないだろうか。この発想自体が、私自身のドグマである危険性を恐れるのだが、当事者自身の体験と経験と一切結び付くことのない解釈枠組みを、私自身は想定できない。つまり、私たちは、私たち一人ひとりのこれまでの生活「時間」に影響された解釈を行なっていると言えるのかもしれない。

このように考えるならば、渡邊・佐藤論文においては、「時間」に関して論じられていても、欠落している部分があるのではないかと思える。つまり、観察者自身の一人称的な「時間」が、二人称的・三人称的に観察を行なう際に影響を与える問題についてである。つまり、フィールドワークの文脈で言い直せば、フィールドワーカー自身の自己の変容の問題となるだろう。フィールドワーカーは生身の人間である。まるで精密な測定器のように、変化することなく、来る日も来る日も観察を行ない続けるわけではない。フィールドワークにおける「時間」の問題として、本章で新たに私が付け加えたいのは、この点である。つまり、フィールドワーカーの「発達」の問題である。

フィールドワーカーがカルチャー・ショックを受けて、落ち込むといったエピソードは数限りないだろう。名作と呼ばれるエスノグラフィーの多くが、フィールドワーカー自身の成長物語を含んでいることからもうかがえるだろう。その最たるものの一つとしては、W・F・ホワイトの『ストリート・コーナー・ソサエティ』（Whyte 1993）が挙げられる。フィールドワーカーは、フィールドにおいて子どもの発達のようなプロセスをたどるとも言われる。いま私は保育者養成機関で、子どもの発達に関する講義を担当させていただいている。フィールドワークを体験・経験した者から述べると、実際の子どもの発達のプロセスとは当然のことながら異なるものである（そのことに関しては別の機会に論じたい）。

フロアからの質問

それでは、冒頭の質問に戻ろう。

この短い質問の中には、これまで述べてきたことと深くかかわる、フィールドワークに関する多くの要素が詰められている。

つまり、ある団体において修士課程の頃からフィールドワークを続けているという質問者は、博士課程に進学し、あわせて非常勤講師として講義を行なう立場になるなど、自らのポジションの移行に伴い、フィールドでの自らに対する対応の変化に戸惑いを感じていたようだった。

この質問者のみならず、フィールドワークを長期にわたって継続していると、フィールドワーカーのポジションの移行を伴うことが少なくはない。学生の頃からフィールドワークを実践する人たちも、以前に比べると増えているように思う。そのような人たちが大学院に進学し、その後、高等教育機関や研究所などにポジションを得たとすると（現在の状況ではかなり困難なことであるが）、この質問者が感じたような戸惑いを覚えるかもしれない。私自身も同様の経験をしている。大学院時代にお話をうかがっていた方たちにお会いすることがあっても、いったんは「宮内くん」と以前のように呼んでいただけるのだが、「宮内くん、先生なんだよね。先生って呼ばないといけないんだよね。もう宮内くんなんて呼んじゃダメなんだよね」などと、冗談半分もあるが、言われることがある。当然ながら、「はい、先生と呼んで下さい」などと答えるはずもなく、「宮内くんのままで、お願いします」とお願いする。しかし、「くん」づけで呼ばれ続ける機会はますます減っている。お互いにしっくりといかないように感じるのは、自らの居心地の悪さが投影されているとも考えられるかもしれない。

この質問者の場合は、さらに複雑であるようだ。フィールドにおいて以前から見知った人たちは、質問者のことを茶化して「センセー」と呼んでいるが、そのことがその団体に新たに加入した人たちにとっては「先生」と呼ばれる存在として意識させてしまう。その結果、新たに加入した人たちは、この質問者を「先生」としてとらえ、「子どもについての相談」をする対象として見なしてしまうようだ。そして、質問者は「調査」ではなく、「面接」をしているという気分になってしまうという。質問者のセンシティブな一面を垣間見たように感じる。この質問者には、私はこのシンポジウムで初めて出会い、ことばのやり取りを行なったのはこの一度のみである。その後はお会いしておらず、メールアドレスを交換し合ってメールのやり取りをしたこともない。わずか一度のことばのやり取りのみでさもわかったように解釈することは控えたいし、恐らく文脈の誤読もあるだろう。質問者ご本人が本章を読む機会があれば、本書内でも批判したワンショット・ケース・スタディにおける誤解を地で行く解釈に吹き出してしまうかもしれない。

そのような可能性を抱えながらも、この質問がフィールドワーカーのポジションの移行と、ポジションに備わる権力性とフィールドワークとの関係性の問題に関するものであると私はとらえていた。この質問者の具体的な質問は、「どうやったらフィールドワーカーとしての寿命を延ばせるんでしょうか？」という問いであろうが、このような問いが先の二点と深くかかわっていることを、この質問者は理解された上で質問を行なっていると、私はその場で感じた。さらには、「やめたくはない」ということばに、何らかのポジションと引き替えに、諦めざるを得ない何かがあることをはっきりと理解されているのか、漠然と感じておられるのかとも思えた。

この質問に対する、その場での私の回答は以下のようなものだった。こちらも引用したい。

「痛い話ですね。僕はもうフィールドワーカーとして死んでいるかもしれない。修士課程の時には、フィールドワークの場で涙ながらに『宮内君がこんな人だと思わなかった、だめだよ』と言ってくれました。今、僕に対して『それ、だめだよ』と言ってくれる人はいなくなっていると思います。もうそういうことを言ってくれないから、僕は終わっているのかもしれない。見た目が若いので20代だと思って『宮内君』と言われるのがラッキーかなと思っていますが。かなり有名な先生が自慢していました。『自分はいろんな学校に行ける。学校自身が「先生、来てください」と呼んでくれる。招かれて世界各地の学校が見える。院生はお願いしても入れてくれないから大変だね』とおっしゃったことがあります。『この人は終わってるな』と思った経験があります。そう思った時点でだめだと思うんですね。僕はそうならないようにしたいなと思いますが、ポジション、年齢と肩書きなど、自分ではどうしようもない部分があります。フィールドワーカーという仕事のみをやっていくという手はあるけど、誰もお金はくれない。何かを得たら何かを引き替えに失ってしまうので、失わない前に、いい仕事をしてください」（草山・宮内ほか二〇〇四、六七–六八頁）

フロアからの質問に対するこの回答は、その場で録音されたものを第三者がテープ起こしをしたものである。より正確に述べると、音声が文字化された原稿を、文章として意味が通じるように校正する機会を私は一度得ている。この活字はその場での忠実な再現ではないことに注意しなければならない。何人もの人間による手が入り込んでいるわけである。この私の発言はその場での文脈の支配によるところが非常に大きいと思われるので、この箇所だけを抜き出して記すことは、かなり誤解が生じる危険性が高いのではないだろうか(3)。そこで、本書で改めて引用するにあたって、誤解を避けるためにも、少し解説を付け加える必要があるだろう。

先にも少し述べたように、この場で、私が伝えたかったことは、フィールドワーカーのポジションとフィールドでお会いする方々の視点の問題である。

まず、先にフィールドワーカーの時間の問題について述べた際に、フィールドワーカーの発達について指摘した。本書第一章での私のような「社会調査素人」が、社会調査の体験・経験を経ることによって、社会調査を運営できるまでになる。このことはスキルの向上と言えるかもしれない。フィールドワークにおいては、フィールドワーカーが様々な人と出会い、そして教えていただくことによって、内面的に成長していくこともあろう。このことはスキルのみの問題ではない。このようなフィールドワーカーの内面的な側面とは別に、フィールドワーカーの外面的なポジションという側面もある。私たちが生活する社会では、基本的に、外面的なポジション、換言すれば、役割や地位に対応して応対する人は多い（Goffman 1959）。例えば、ある人物の内面が非常に幼いままであっても、外面的なポジションが高いと見なされていれば、そのポジションに然るべき応対がなされる。その人物がいない場面においては、その幼さが指摘されたり揶揄されたりすることがあるかもしれないが、面と向かって直接言われることはほぼないに等しいだろう。私自身が外面的なポジションが高いとは主観的には思えないし、内面の幼さも自覚しているが、外面的なポジションにおいては高等教育機関の教員である。このような外面的なポジションは、多くの場面において、外面的なポジションが知られている（気が置けない間柄ではない）同業者以外の人たちの批判や忠告を受ける可能性がきわめて低くなるように思われる。本書の「はじめに」と「第一章」においてフィールドノーツの一部を引用したが、高等教育機関に勤務するようになってから、あのようなことばをいただくことはほとんどない。それは、私が内面的に飛躍的な成長を遂げたからでは決してない。ただ外面的なポジションによって、ことばが阻まれているだけであると、私は考えている。

そのようなポジションに居心地の良さを感じておられる方もいらっしゃることだろう。私もそのような気持ちがないとは言えない。さらに、フィールドワークや社会調査が以前よりも進めやすくなったと喜ばれている方もおられよう。しかし、果たしてそうなのだろうか。プロジェクトとしては物理的には進みやすくなったかもしれない。しかし、社会調査やフィールドワークとしては本当に進行しているのであろうか。

先のシンポジウムでの私の発言における傲慢すぎる部分は反省している。感情的にではなく、この場ではその意図を説明したいと思う。私が述べたいこと、端的に言えば、それは、フィールドワークや社会調査において、招かれることの危険性についてである。換言すれば、フィールドワーク・社会調査と権力構造の問題と言えるかもしれない。このような問題を考える際に、必ず頭に浮かぶ二人の民俗学者がいる。宮本常一と柳田國男である。高級官僚であった柳田國男は、農村を対象とした民俗学のパイオニアである。その評価は変わることがないだろうが、柳田が農村に調査に向かった場面に視点を移せば、その認識は少し変わってくるかもしれない。柳田が村を訪れる際には、元高級官僚の「偉い人」が来るということで、村ではできる限りの最高のもてなしをしたというのだ。しかも、古老を手配させたとも言われている。宿泊は、一流旅館のもっとも高級な部屋にしか泊まらなかったと言われる。一方の宮本常一は、柳田國男の弟子にあたるが、柳田とはまるで違っていた。本書のサイドストーリー③でも触れたが、宮本常一はとにかく歩いた。生涯にわたって、地球四周分を歩いたそうだ。いつもの汚い服装のままで、村に入っていったという。誰もが学者だとは思わない。人々との立ち話から、様々な発見をし、数多くの資料を頭に詰め込んでいった。村の端で農作業をしていた女性たちの話に聴き入ったのも、宮本常一だ。そして夜になると、そのまま知り合った農家にお世話になったと言われている（長浜一九九五、佐野一九九六）。

あまりにも対照的な二人の民俗学者の話である。私は先のシンポジウムでの発言で言及した「有名な先生」に、かつての柳田國男の姿を重ねてしまう。柳田は意図的に、村人たちに接待を要求したわけではないだろう。結果的にそうなってしまったのかもしれない。しかし、私には、そのような作られた現実に基づき、社会を論じていくことには違和感がある。そのような立場になれない負け犬の遠吠えと一笑に付されるかもしれないが、私にとっては社会調査やフィールドワークにおける認識論的な重要な問題であると思えるのだ。自らがジグソーパズルの一ピースのように埋め込まれている社会における権力構造に自覚的でないと、自らが見ている現実が、周囲の配慮により作られた「現実」であるということに気づくことなく、他の人たちにも同様に見えている現実であると見なして、それらを描き論じていくということになりかねない。この際に、周囲の配慮によって作られた「現実」を無理矢理にあらゆる人にとっての「現実」にしてしまえば、当人にとってはまったく問題はないだろうが、その他の人たちにとっては自分たちの現実とは乖離が激しいという事態になるだろう。

最後に、この質問者は「こんなにおもしろいことやめたくないのですが……」と述べているが、現在のところ、フィールドワーカーというポジションのみで生活していくことはほとんどできないと思える。何らかの生活の糧を得るために働かねばならない。幸運な場合は、高等教育機関や研究所にポジションを得ることがあるだろう。しかし、先にも述べたように、一方で、そのことは外面的なポジションによって、社会調査やフィールドワークにおいて、宮本常一が歩きながら見た世界をもはや見ることができなくなることであると言えるかもしれないのだ。本章において言及し続けた渡邊・佐藤論文において、「視点」の問題の箇所ですでに引用してはいるが、「二人称的な視点からパーソナリティを見るときには、観察者と被観察者の社会的相互作用が通状況的一貫性の認識を擬似的に生み出していると考えることができる」（渡邊・佐藤一九九三、一三三頁）と指摘されている。このことは、ポジションとのかかわりでは、より一層重い指摘であると言えるだろう。

おわりに

先の質問に、はっきりとは答えていなかったかもしれない。この場を借りてお答えしたい。私はフィールドワーカーには「寿命」はあると思う。しかし、フィールドワーカーとしての「寿命」を延ばすことは、様々な手法によって可能かもしれない。

自らの視点の特異性に無頓着になったり、それが自明化してしまうならば、そこで得られたデータは現実とは乖離した自らの物語を補完するための単なるパーツになってしまう恐れがあるだろう。そうなれば、フィールドワークを行なう意味はもはやないのではないだろうか。フィールドワークを行なったという事実は、研究成果に対しての単なるアリバイ作りの意味しか持ち得ないように思う。

そのような意味では、初めてフィールドワークを行なう者の多くは何事に対しても、恐れおののくあまり、過剰な、もしくは不自然な対応を行なってしまうかもしれないが、少なくともその恐れによって現実に飲み込まれることはあっても、現実を過剰に矮小化することは少なくなるのではないだろうか。そう考えれば、フィールドワーカーにとっては、フィールドワークにおいて様々な体験や経験を経ることによって文脈を理解する力を高めながら、一方で、初めてのフィールドワークの際に感じた恐れ、脅威、敬意などの感情を忘れることなく保持し続けることが、フィールドワーカーとしての「寿命」を延ばすことに繋がるように思える。

[注]

（1）佐藤郁哉氏は海外の先行研究をもとに、フィールドワーカーが「完全なる参加者」・「観察者としての参加者＝参与観察者」・「参加者としての観察者」・「完全なる観察者」という四つの理念型の間を揺れ動くことを示している（佐藤一九九二、一三二―一三五頁）。

（2）渡邊・佐藤論文においてはこのように述べられている。「質問紙法によるパーソナリティ測査は『意識報告』を扱うものとされ、一人称視点からのデータであるように解釈されているが、手続き的には一定の『テスト刺激』に対する『反応』を客観的に測定し、個人間の差異を導き出しているのだから、そこで得られるデータは三人称的なものである」（渡邊・佐藤一九九三、一三四頁）。そうすると、社会調査におけるある種の意識調査も、同種の説明が可能なのかもしれない。

（3） 文字になってしまうと、実際に鼻についたり、傲慢な表現が散見される。それは、フロアとの関係や笑いといったやり取りが捨象されているという側面もあるだろう。その場の雰囲気をいま一度想像していただければ幸いである。引用文献のみならず、立命館大学人間科学研究所のＨＰ上でもシンポジウムの様子が掲載されている。

［文献］

草山太郎・宮内洋ほか　二〇〇四　「シンポジウム　フィールドでの〈声〉をどのように聞くのか？——『加工』以前の現場研究覚え書き」、『学術フロンティア推進事業プロジェクト研究シリーズ第7号　フィールド・質的・カルチュラル——対人援助の実践と研究を支える技法と理論』立命館大学人間科学研究所、四四―七一頁

佐藤郁哉　一九九二　『フィールドワーク』　新曜社

佐野眞一　一九九六　『旅する巨人——宮本常一と渋沢敬三』　文藝春秋

長浜功　一九九五　『彷徨のまなざし——宮本常一と学問』　明石書店

宮内洋　一九九八　「外国籍園児のカテゴリー化実践」、山田富秋・好井裕明（編）『エスノメソドロジーの想像力』せりか書房、一八七―二〇二頁

渡邊芳之・佐藤達哉　一九九三　「パーソナリティの一貫性をめぐる『視点』と『時間』の問題」、『心理学評論』第三六巻二号、二二六―二四三頁

Bem, D. J. & Allen, A., 1974, "*On predicting some of the people some of the time: The search for cross-situational consistencies in behavior.*" Psychological Review, 81, 506–520.

Goffman, E., 1959, *The presentation of self in everyday life*. Doubleday & Company.（石黒毅（訳）　一九七四　『行為と演技——日常生活における自己呈示』　誠信書房）

Krahé, B., 1992, *Personality and social psychology: Towards a synthesis*. Sage Publication.（堀毛一也（編訳）　一九九六　『社会的状況とパーソナリティ』　北大路書房）

Mischel, W., 1968, *Personality and assessment*. Wiley.（詫摩武俊（監訳）　一九九二　『パーソナリティの理論——状況主義的アプローチ』　誠信書房）

Whyte, W. F., 1993, *Street corner society: the social structure of an Italian slum*, Fourth edition. the University of Chicago Press.

（奥田道大・有里典三（訳）二〇〇〇『ストリート・コーナー・ソサエティ』有斐閣）

索　引

あとがき

研究について考える際に、必ず頭に浮かんでくる一冊の本がある。

阿部謹也『自分のなかに歴史を読む』（筑摩書房、一九八八年）。

これから卒業論文や修士論文を書こうとする方には是非読むことをお勧めしたい一冊だ。中学生以上を対象にした、換言すれば、中学生も理解できるように、非常にわかりやすい文章で書かれている本である。

この中で、著者は恩師（上原専禄）のことばとして以下のようなことばを記している。


「解るということはそれによって自分が変わるということでしょう」

そして、著者はこのことばに続けて、「解る」ということについて、このように述べている。

「もちろん、ある商品の値段や内容を知ったからといって、自分が変わることはないでしょう。何かを知ることだけでそうかんたんに人間はかわらないでしょう。しかし、『解る』ということはただ知ること以上に自分の人格にかかわってくる何かなので、そのような『解る』体験をすれば、自分自身が何がしかは変わるはずだとも思えるのです。」（前掲書、一七–一八頁）

著者のことばをしっかりと理解しているかどうかは心許ない。しかし、学生時代に読んだこの本のことばが、今なお心の中に残り続けている。

本書で記してきたように、私はフィールドワークという行為を通して、数多くの体験をしてきたように思える。いまの視点からながめてみると、その体験を通して、自らが変わってきたように思える。しかし、そのことが、私自身が解り続けた軌跡であると主張するつもりはまったくない。「解る」という地点の手前であがき、もがき続ける軌跡を記したものが本書であるというほうが正しいだろう。その体験の中で、どのように変わり、どのような部分が変わったのかについてを、本書の各章で述べてきた。これから社会調査やフィールドワークに挑もうという方や、フィールドワークのプロセスで悩んでいる方にとって、何がしかのヒントが本書の中に埋まっていることを心から願っている。

本書は当初、二〇〇五年三月に発行される予定であった。しかし、私が過労で倒れ、入院してしまったために、その発行が半年遅れてしまった。退院後には、ご縁があって新たな職場に移籍させていただいた。大学入学以来、二十年近く生活していた北海道を離れて未知の土地に移り住むことは、私にとってとても大きな出来事だった。そのような中で、私にとっては初めての単著書である本書は生まれた。まだまだ至らぬ点が多い。そして、力及ばず、含み込めないところもあった。例えば、沖縄県を中心にした離島部でのフィールドワークについては、本書ではほとんど触れられてはいない。地域社会におけるまさに「野良仕事（フィールドワーク）」に基づいた記述も必要であったと思う。

本書を執筆し、発行されるにあたり、あまりにも多くの方々にお世話になった。本書の編集にあたっていただいた北大路書房の北川芳美さんも、そのお一人だ。一冊の本を世に送り出すという体験を初めてしたことによって、編集の方に謝辞を贈るということの意味を私も理解することができた。

ことばを換えれば、学校や職場やフィールドで多くの方々が教えてくださった体験と経験から、本書は成り立っている。そのお一人おひとりの名を挙げて感謝の意を表したいが、プライバシーや紙幅の関係上、それは許されないことだろう。この私の気持ちだけでも、この場でお伝えしておきたい。心から感謝申し上げます。

二〇〇五年八月

宮内　洋

著者紹介

宮内　洋（みやうち・ひろし）

1966年大阪府生まれ。高崎健康福祉大学短期大学部児童福祉学科准教授。臨床発達心理士、専門社会調査士。

日本学術振興会特別研究員DC1、琉球大学非常勤講師、日本学術振興会特別研究員PD、札幌国際大学人文・社会学部心理学科教育職員、札幌国際大学社会学部ビジネス社会学科ライフデザインコース主任等を経て、2005年4月より現職。

著　書

『エスノメソドロジーの想像力』（共著）　せりか書房、1998年

『教育のエスノグラフィー』（共著）　嵯峨野書院、1998年

『フィールドワークの経験』（共著）　せりか書房、2000年

『新版・心理学がわかる。』（共著）　朝日新聞社、2003年

『保育ライブラリ　保育実践のフィールド心理学』（共著）　北大路書房、2003年

『繋がりと排除の社会学』（共著）　明石書店、2005年

『つくってさわって感じて楽しい！　実習に役立つ表現遊び２』（共著）　北大路書房、2007年

『あなたは当事者ではない―〈当事者〉をめぐる質的心理学研究―』（共編著）　北大路書房、2007年

『質的心理学講座第１巻　育ちと学びの生成』（共著）　東京大学出版会、2008年

『新保育ライブラリ　保育実践のフィールド心理学』（共著）　北大路書房、2009年

『乳幼児のための心理学』（共著）　保育出版社、2009年

『事例と図解で学ぶ保育実践　子どもの心の育ちと人間関係』（共著）　保育出版社、2009年

体験と経験のフィールドワーク

2005年９月10日　初版第１刷発行

2010年５月20日　初版第２刷発行

定価はカバーに表示してあります。

著　者　宮内　洋

発行所　㈱北大路書房

〒603-8303　京都市北区紫野十二坊町12-8

電話　(075) ４３１－０３６１㈹

FAX　(075) ４３１－９３９３

振替　０１０５０－４－２０８３

印刷・製本／創栄図書印刷㈱

検印省略　落丁・乱丁本はお取り替え致します。

ISBN978-4-7628-2476-0　　Printed in Japan